北京市社会科学基金青年项目"北京市地方政府财政
致与防范的视角"（项目编号：20JJC027）

首都经济贸易大学北京市属高校基本科研业务费专项资金"多层次养老金视角下人
口老龄化与经济系统性风险研究"（项目编号：XRZ2021017）

人口老龄化、
养老保险制度可持续
与个人养老金发展路径研究

王　涛◎著

中国财经出版传媒集团

经济科学出版社
Economic Science Press

·北 京·

图书在版编目（CIP）数据

人口老龄化、养老保险制度可持续与个人养老金发展
路径研究／王涛著 . -- 北京：经济科学出版社，
2023.10
ISBN 978-7-5218-5216-5

Ⅰ.①人… Ⅱ.①王… Ⅲ.①人口老龄化-关系-退
休金-劳动制度-研究-中国 ②养老保险制度-关系-退
休金-劳动制度-研究-中国 Ⅳ.①C924.24
②F249.213.4 ③F842.612

中国国家版本馆 CIP 数据核字（2023）第 188518 号

责任编辑：顾瑞兰
责任校对：蒋子明
责任印制：邱　天

人口老龄化、养老保险制度可持续与个人养老金发展路径研究
王　涛　著
经济科学出版社出版、发行　新华书店经销
社址：北京市海淀区阜成路甲 28 号　邮编：100142
总编部电话：010-88191217　发行部电话：010-88191522
网址：www. esp. com. cn
电子邮箱：esp@ esp. com. cn
天猫网店：经济科学出版社旗舰店
网址：http：//jjkxcbs. tmall. com
固安华明印业有限公司印装
710×1000　16 开　13.75 印张　180 000 字
2023 年 10 月第 1 版　2023 年 10 月第 1 次印刷
ISBN 978-7-5218-5216-5　定价：69.00 元
（图书出现印装问题，本社负责调换。电话：010-88191545）
（版权所有　侵权必究　打击盗版　举报热线：010-88191661
QQ：2242791300　营销中心电话：010-88191537
电子邮箱：dbts@ esp. com. cn）

前 言

　　随着全球人口老龄化问题日益凸显，养老保险制度的可持续性和个人养老金的发展成为重要的研究领域。本书以人口老龄化的视角为切入点，深入探讨人口老龄化对养老保险制度的影响，并提出个人养老金发展的路径研究。

　　人口老龄化是当今世界面临的重大挑战之一。随着医疗技术的进步和生活水平的提高，人们的平均寿命不断延长，导致老年人口比例不断增加。这种人口结构的变化对社会经济发展产生了深远的影响。养老保险制度作为社会保障体系的重要组成部分，承担着为老年人提供经济保障的重要责任。然而，随着人口老龄化的加剧，养老保险制度面临着巨大的压力和挑战，其可持续性问题亟待解决。个人养老金作为养老保险制度的重要补充，具有灵活性和可持续性的特点，被认为是解决养老保险制度可持续性问题的重要途径之一。个人养老金的发展不仅可以提高老年人的养老保障水平，还可以促进资本市场的发展和经济的稳定增长。因此，研究个人养老金的发展路径、探索如何推动个人养老金市场的健康发展，具有重要的理论和实践意义。

　　本书分为四个篇章，每个篇章都从不同的角度深入研究人口老龄化对养老保险制度的影响以及个人养老金的发展路径。第一篇研究基础，为本书的理论基础，介绍了人口老龄化的经济效应分析、养老金制度与改革以及动态随机一般均衡模型等相关理论和方法。第二篇研究人口老龄化经济问题，重点探讨人口老龄化对中国经济增长的影响机制。第三篇研究养老保险制度可持续性，通过构建 CGE 模型，模拟不同情景下养老保险制度的发展与可持续性。第四篇研究个人养老金发展路径，分析我国个人养老金发展现状与趋势，探讨个人养老金市场的竞争格局和机构战略选择，最后提出完善个人养老金体系的对策建议。

　　本书的研究目的是提供有关人口老龄化、养老保险制度可持续性和个人养老金发展的理论和实践指导，为政策制定者、学者和相关从业人员提供参考。通过深入研究人口老龄化的影响机制和个人养老金发展路径，为解决养老保险制度的可持续性问题和老年人的养老保障问题提供有益的思路和建议。希望本书对推动我国养老保险制度的改革和个人养老金市场的健康发展起到积极的促进作用。

目　录

第一篇　研究基础

第二篇　人口老龄化经济问题研究

第一篇 研究基础

第一章 绪 论

第一节 研究背景与研究意义

老龄化问题是当前人类社会所面临的共同挑战。从人类发展史看，工业革命以来，经济社会的发展使人口死亡率和出生率相继出现下降，人口转型对经济发展大致经历了"低增长—加速增长—增长减缓—低增长"四个阶段，其中对于多数发达国家而言，目前大多处于人口转型的最后一个阶段，经济发展和国家政策等方面表现出诸多共性因素。一是习惯于前期人口快速增长形成的经济红利，对生育率过快下降缺乏全面、清晰的认识；二是对于老龄化和少子化特征的社会状态，人类历经时间较之于代际更替而言为时尚短，既有的经济学理论和实践经验对其经济影响准备不足；三是高估了人类应对人口老龄化和少子化的能力，如在教育科技提升人力资本、鼓励生育政策以及养老保险制度转轨的有效性方面。

我国自 2002 年起，就已达到世界卫生组织（WHO）所定义的老龄社会标准，步入人口老龄化国家行列①。截至 2022 年底，我国 65 周岁及以上人口 17 603 万人，占总人口的 12.6%，距离深度老龄社会标准不到 1.4 个百分点②。近年来，我国人口老龄化趋势呈现加速发展趋势，养老问题日益成为学界和社会关注的焦点话题。区别于国际其他国家，我国的人口老龄化整体呈现出老龄人口基数大、发展速度快、持续时间长、应对任务重的四个核心特点。人口老龄化将成为我国今后较长一段时期面临的基本国情和严峻挑战。面对这一基本社会发展重要趋势，党中央、国务院立足于中华民族伟大复兴的战略全局，高度重视老龄工作，2019 年中共中央、国务院印发《国家积极应对人口老龄化中长期规划》中明确了中长期内我国积极应对人口老龄化的战略目标和制度框架；"十四五"规划纲要中进一步将人口长期发展战略作为"十四五"时期经济社会发展的重要任务，并从"推动实现适度生育水平、健全婴幼儿发展政策、完善养老服务体系"等方面作出具体部署。

就学术研究而言，面对我国人口老龄化的严峻形势和国家对此问题的高度重视，有必要对我国人口老龄化问题进行系统深入的研究，研判人口结构变迁对经济系统影响的机制路径，进而梳理形成有效可行的对策建议，为加强顶层设计，提高经济社会各个领域的协调应对能力提供智力支持。而既有的研究表明，人口老龄化问题，一是使人口结构趋向长方形甚至金字塔形，经济社会总体经济消耗多、产出少，形成经济停滞、物价疲

---

① 世界卫生组织（WHO）定义：一个国家 65 岁以上人口占总人口比例超过 7% 时，即称为老龄化社会（agingsociety）；达 14% 时称深度老龄社会（agedsociety）；达 20% 则称超老龄社会（hyper-agedsociety）。

② 数据来源：国家统计局．http：//www.stats.gov.cn/．

软、资产通缩、政策效果弱化的压力。二是提高社会家庭抚养负担,一方面会使家庭的老年抚养比持续上升,提升家庭的经济压力和照料需求;另一方面使国家财政被动提升了福利支出和养老金支出水平,对养老金的平衡能力和财政可持续性带来挑战。从国际实践应对经验来看,发挥金融媒介的融通作用,实现社会养老储蓄的最优配置以及代际平衡,或能成为积极应对人口老龄化、适应传统养老模式转变、满足人民群众高质量发展要求的重要路径。因此本书拟立足于人口老龄化背景,从经济冲击、社会养老保险平衡和养老金制度转轨路径三个维度展开探讨分析,其具体的研究意义如下。

(一) 理论意义

1. 丰富了人口经济学的理论体系

一是在人口老龄化对经济系统影响的分析中,既有的研究大多聚焦于单一事实背景对经济增长、通货膨胀、财政负担与货币政策的影响分析,缺乏对要素禀赋变迁和产业布局重大调整产生的系统性经济影响识别,本书聚焦于我国中长期经济发展的重大战略,结合人口老龄化发展趋势,综合判断识别要素结构的调整和布局对宏观经济、经济部门和经济政策的一体化影响。二是人口老龄化的经济效应具有长周期性,既有的 DSGE 模型大多忽视了对人口结构尤其是养老金制度结构的设计与分析,这就导致理论模型在实现经济动态趋向稳态过程中,缺乏对养老金结构所引致的社会消费偏好与资本积累的异质性变化分析,进而降低了"反事实"模拟过程中实验结果的可靠性。本书通过构建将人口老龄化特征变量嵌入的动态随机一般均衡模型,引入数字要素和产业集聚的动态特征,仿真模拟经济增长路径和波动性问题,并对经济调控工具箱的有效性进行检验,丰富了老龄化在系统性宏观影响机制方面的理论研究。

2. 拓展了社会养老保险的分析工具

通过文献梳理可以发现，既有的养老金制度研究与改革设计分析大多基于对养老金可持续性、待遇水平和转轨成本方面的考量，其研究范式多基于保险精算平衡模型或一般均衡模型。这种研究视角与研究范式主要存在两个方面的问题：忽视了养老金结构改革中多目标约束与伴生制度"红利"的分析。理论上讲，适度的社会养老金结构可以通过减少就业扭曲、改善"消费—储蓄"替代和提高全要素生产率等方式，提高既定人口增速水平下的稳态增长率，而既有的研究对养老金改革问题大多局限于单一地分析养老金保障待遇水平不变或者财务收支可持续，缺乏对养老金多目标约束下最优制度组合的考量，缺乏制度变量间内生作用关系和系统稳定性的分析。保险精算平衡的测度方法将经济系统变量视为外生，忽视了养老金参数改革过程中的内生传递效应；一般均衡模型框架下，由于缺乏外生冲击分析，因此无法实现对养老金结构设计中内生脆弱性的分析。因此本书通过可计算一般均衡模型的分析框架，解决了系统变量的内生性问题，同时有助于动态分析满足多目标条件下最优的社会养老金结构。

3. 填补了养老金制度转轨的理论空白

当前对养老金制度转轨的研究主要集中于不同国家养老金制度转轨的目标和动因、养老金制度演变和发展、转轨设计和政策选择以及对个人养老金市场的影响等几个方面，但是从个人养老金行业和金融机构发展视角探讨养老金制度转轨的资料较少，本书通过梳理我国个人养老金业务的发展历程，分析个人养老金的市场空间和产业竞争格局，同时结合防范和化解金融风险、服务实体经济的顶层设计要求，对不同类型金融机构开展个人养老金业务的比较优势和转型路径进行探讨，从微观机构主体视阈提出企业开展个人养老金业务的战略定位和机构发展的对策路径问题，在一定程度上弥补了相关转轨理论的空白，为学术研究提供了新的研究方向和思路。

（二） 实践意义

1. 为积极应对人口老龄化战略政策制定提供数据支撑

一是通过仿真模型预测不同老龄化水平情景下经济稳态水平和财政风险状态，为政府积极干预，实施经济调控提供借鉴；二是通过构建系统内生的养老金平衡模型，模拟不同经济发展情景下，我国老龄化水平进展中，社会养老保险的可持续状态，从而为养老金制度参数改革和制度转轨提供参考依据；三是通过对经济政策进行组合测试，测度在不同老龄化情景下的政策效率，并结合政策传导机制相关理论，推衍得出实施经济干预的最优政策组合，为未来财政货币政策转轨与改革提供理论指导。

2. 为社会养老金制度转轨中金融机构的路径选择提供理论参考

本书通过梳理分析当前影响个人养老金产业发展的各领域基础事实，结合我国人口老龄化进展趋势，研判个人养老金行业的发展前景与市场空间；对当前我国个人养老金行业发展产业竞争格局与企业战略选择进行分析，同时挑选国际个人养老金业务开展良好的机构进行经验借鉴，提出机构视角下个人养老金业务开展的对策建议，从而为社会养老金制度转轨提供操作路径和理论参考。

第二节　研究目标与内容

（一）　研究目标

本书的研究目标是以我国中长期人口结构变迁为基础背景，构建仿真模型模拟人口老龄化进展对经济各维度变量和社会养老保险平衡性的影响，评估其产生的经济社会后果；在上述研究基础之上，提出养老金制度转轨的必要性和发展个人养老金行业的紧迫性，通过分析研判当前我国个人养老金发展情况，总结国际个人养老金机构的良好做法，提出可行的金融机构个人养老金转轨发展路径。

（二）　研究内容

本书的研究内容从以下十个部分展开。

（1）绪论。本章为全书的开篇，旨在阐明研究的背景、意义、目标、内容、思路、方法及技术路径，并对相关概念进行界定。首先，章节介绍了人口老龄化作为全球性问题的研究背景，并强调了对中国特定情境下老龄化问题研究的重要性。其次，详细说明了研究的理论与实践意义，包括人口老龄化对经济影响的理论体系丰富、社会养老保险分析工具的拓展以及养老金制度转轨理论空白的填补。同时，强调了研究对制定积极应对人口老龄化战略政策以及金融机构路径选择的实践指导价值。研究目标是构建仿真模型，评估人口老龄化对经济和社会养老保险平衡性的影响，并提出养老金制度转轨及个人养老金行业发展的路径。研究内容涉及从人口老龄化趋势分析到政策有效性评估，再到养老金发展现状与趋势研究，以及国际经验借鉴和对策建议等多个方面。研究思路基于公共经济和社会保障理论、人口学理论和寿险精算理论，采用宏观经济学与精算模型前沿方法。研究方法综合使用文献综述、案例分析和数据分析法，包括动态随机一般均衡和可计算一般均衡模型的仿真，以及养老精算模型的模拟分析。技术路径遵循从导论到理论分析、数据与案例分析以及对策建议的逻辑顺序。最后，对养老保险制度、个人储蓄性养老保险以及人口老龄化等核心概念进行了界定，为后续章节的深入讨论奠定了基础。

（2）研究综述。本章对国内外有关人口老龄化、养老金制度与改革以及动态随机一般均衡（DSGE）模型的文献进行了全面的综述。研究综述主要分为三个部分。第一节深入探讨了人口老龄化对经济的广泛影响，包括对经济长周期的影响、政府财政负担的增加以及经济政策效果的变化。文献显示，人口老龄化通过劳动力供给、消费储蓄行为、人力资本积累和其他经济因素（如技术创新、第三产业发展、保险需求）对经济增长产生影响。同时，人口老龄化也会加剧政府的财政压力，影响公共支出和税收收入，威胁财政的可持续性。此外，老龄化还可能改变货币政策的传导机制和有效性，对经济政策产生深远影响。第二节着重于养老金制度与改革的文献，讨论了最优养老金费率的确定、养老金财务可持续性的预测以及养老金制度转轨的实践与理论。文献表明，多支柱养老金体系有助于风险分散、功能互补和提高经济效率。同时，各国的实践也显示，多支柱体系能有效降低公共养老金支出比重，减轻政府的财政负担。第三节介绍了动态随机一般均衡模型在宏观经济研究中的应用，尤其是在考虑人口老龄化因素的情况下。文献显示，DSGE 模型在引入金融加速器、抵押物约束和银行资本机制等因素后，能更好地拟合现实经济的运行特征。同时，DSGE 模型也被用来分析货币政策在老龄化社会中的有效性，研究表明，人口老龄化可能导致自然利率下降，影响货币政策的传递效果。

（3）人口老龄化、产业集聚与中国经济增长。本章探讨了人口老龄化、产业集聚与中国经济增长之间的关系。随着中国人口老龄化问题的日益凸显，本章通过构建一个包含人口老龄化和城市产业集聚的动态随机一般均衡（DSGE）模型，分析了人口老龄化和产业集聚对经济发展的系统影响，并探讨了产业集聚通过影响要素配置优化，改变劳动要素的边际产出与报酬，从而抵消人口老龄化对经济的负向冲击的可能性。研究发现，人口老龄化会导致社会劳动力供给不足和全要素生产率增长放缓，对经济增长产生负面影响。然而，产业集聚通过空间外溢效应可以带动产出和消费增长，缓解人口老龄化的负面影响。此外，不同老龄化程度的社会中，政府的最优支出决策存在差异。本章提出了以下政策建议：首先，应顺应老龄化趋势，发展"银发经济"，并提高人力资本水平与劳动生产率；其次，应发挥产业集聚的正向作用，完善户籍制度改革，稳定房地产市场，并推动区域创新水平；最后，应贯彻创新驱动发展战略，提高科技创新投资，促进产业结构升级，实现创新效用最大化。通过这些措施，可以为中国应对人口老龄化挑战、实现经济高质量发展提供智力支持。

（4）人口老龄化、数字经济与中国宏观税收风险问题研究。在当前经济新时代背景下，中国经济面临的风险挑战日益增多，包括外部冲击和内部压力，税收风险问题因此变得尤为重要。本章通过构建一个动态随机一般均衡（DSGE）模型，分析了人口老龄化和数字经济对税收风险的中长期影响路径及其系统性作用。研究发现，人口老龄化导致劳动力供给减少和消费偏好变化，对经济产出和税收风险产生负向影响。数字经济的发展对产出和税收增长有积极贡献，但不同数字经济业态对税收风险的影响存在异质性。在深度老龄化社会中，产业数字化对税收安全的影响最小，其次是数字基础设施建设，然后是数字产业化。此外，数字经济的发展能够在一定程度上抵消人口老龄化对税收风险的负面影响。本章提出，应加快推动产业数字化的渗透，充分利用数字产业化的经济效应，并从长远角度规划数字基础设施的发展，以应对人口老龄化带来的税收风险。这为中国应对重大要素禀赋变迁与税收风险的关系提供了政策参考。

（5）人口老龄化背景下减税降费政策有效性研究。本章构建了一个包含我国税制结构和人口结构的新凯恩斯动态随机一般均衡模型，考察当前减税降费政策的传导机制和经济效果。研究发现，当前我国减税降费政策实施中，首先是对商品税减税政策效果最佳，其次为对劳动收入课税的减税政策，再次为对投资课税减税政策。从中长期来看，随着人口老龄化程度的不断加深，多数税收政策调控的正面效果被削弱。与此同时，本书亦进一步验证了财政政策与货币政策的政策有效性问题，通过仿真分析发现随着社会人口老龄化水平的加深，经济政策的有效性具有渐进式衰减特性，因此有必要通过政策组合利用多种路径的效应叠加提高政策的效力。

（6）人口老龄化背景下养老保险制度可持续性研究。本章基于我国现实情况，构建了一个嵌入社会养老金结构的可计算一般均衡模型，模拟分析我国人口老龄化水平对当前我国社会养老保险制度框架下养老金平衡性所产生的影响，并模拟不同的养老金改革方案制度效果。研究发现，当前我国养老金可持续性不足，而单纯通过参数改革、生育政策和延迟退休等政策对养老金压力的缓释效果较为有限，通过第三支柱个人养老金制度转轨，较之于前述政策或是更优的政策选择，为本书下一步个人养老金发展、解决由于人口老龄化所产生的养老金可持续不足问题提供数据支撑依据。

（7）人口老龄化、养老预期和社保降费政策有效性研究。本章首先基于 TANK 框架的 DSGE 模型分析社保降费的政策效果并结合实证分析进行交叉验证，其次引入人口老龄化参数分析社保降费政策的有效性变化；最后通过构建具有养老预期结构的 DSGE - OLG 框架模型，对比分析养老预期条件下政策的变化情况。研究发现，随着人口老龄化的加深，就社会保障政策的影响效果而言，与前面的经济政策效果具有相似性，但在引入养老预期因素后，发现较之于一般的经济政策而言，社保政策的影响效果渠道具有抑制性，从而进一步削弱了政策干预经济的效果发挥。因此，就社保降费政策的制定和实施而言，需要综合考虑政策实施的空间和人口结构变化。

（8）我国个人养老金发展现状与趋势研究。本章首先对我国个人养老金业务发展的总体情况进行分析，回溯个人养老金业务发展的总体趋势、空间布局和产业结构。其次从环境影响路径视角，分别从政策、经济、社会、技术等角度，分析驱动个人养老金业务增长的主要因素，并据此从定性角度分析个人养老金发展的产业周期发展方向。最后基于不变价格，利用 GM（1，1）模型对我国 2023 ~ 2050 年养老金储备市场进行空间预测；在此基础上，进一步考虑上述环境影响因素，通过 GMM 模型回归得到个人养老金市场的产业增长极限。分度设计合理性、资本市场发展深度、家庭养老预期等因素对市场增速具有显著影响。

（9）个人养老金市场产业竞争格局与机构战略选择分析。本章详细分析了个人养老金市场的产业竞争格局和机构战略选择问题。首先，通过对养老资产管理行业特征与盈利模式的分析，确定了养老资产管理机构的基本特点，如盈利能力强、现金流稳定、协同效应显著等。其次，通过对国内外养老资产管理行业集中度的比较分析，揭示了美国等成熟市场的养老金产品集中度较高，而中国市场仍处于发展阶段，集中度较低。个人养老资产管理公司的价值链分析表明，产品设计、投资管理和中后台服务是其核心职能。特别是在产品设计方面，目标日期基金由于其生命周期投资策略，成为市场上增长最快的产品之一。同时，随着人工智能和大数据技术的应用，养老资产管理公司能够提供更为精准和高效的服务。在分析了不同类型金融机构在开展个人养老资产管理业务的竞争力后，本章指出，商业银行、基金公司、保险公司等各有其特定优势和劣势。商业银行在客户资源和服务场景方面具有优势，基金公司在产品收益能力方面表现突出，而保险公司则在产品安全性和客户资源方面具有显著优势。最后，本章提出，为了提升养老资产管理公司的竞争力，公司需要在产品设计、资产配置管理、客户服务等方面进行创新，同时利用金融科技提高服务效率和质量。此外，随着个人养老金市场的进一步发展和政策的支持，预计中国市场将会出现更加多样化和专业化的养老金产品和服务。

（10）完善个人养老金体系的对策建议。本章主要围绕我国个人养老金行业创新发展路径提出针对性的对策建议。一方面，从制度政策完善角度，提出未来支持个人养老金业务发展的对策建议。认为应从稳定市场预期、增强系统便利，提高劳动报酬比重、加强认购激励，建立长期资本投资渠道、完善风险管理，拓宽多元投资、降低管理费用等方面为重点出台相关对策。另一方面，从机构发展角度而言，提出应聚焦于精准客户定位、完善高质量等客户服务体系以及综合养老服务能力三个方面。

第三节　研究思路与研究方法

（一）　研究思路

本书从我国人口老龄化视角问题切入，以公共经济和社会保障理论、人口学理论和寿险精算理论为指导，综合采用宏观经济学和精算模型的前沿方法，就人口老龄化的经济影响、社会养老金平衡冲击以及养老金制度转轨问题进行系统分析，最终形成积极应对人口老龄化战略框架下实现社会养老金可持续方案与路径。

（二） 研究方法

本书在研究过程中综合使用了文献综述、案例分析、数据分析法等多种方法。其中，通过文献综述和分析，深入探讨了人口老龄化、养老保险制度可持续和个人养老金发展的相关问题；通过案例分析，重点深入了解了国际个人养老金制度发展和机构展业的良好做法，为我国个人养老金制度转轨和机构战略选择提供借鉴；通过数据分析，包括动态随机一般均衡和可计算一般均衡模型的仿真，模拟人口老龄化进展对经济活动和养老金平衡的冲击影响，从而为未来养老金制度转轨提供逻辑支撑；通过构建嵌入养老金结构的养老精算模型，模拟不同改革政策对养老金平衡的贡献影响。另外，综合利用计量回归方法和非线性预测等技术方法，综合验证仿真工具的有效性，并对个人养老金的发展趋势作出量化判断。

第四节　研究技术路径

本书在研究过程中采取"导论→理论分析→数据与案例分析→对策建议"的研究路径，其基本技术路线如图 1 - 1 所示。

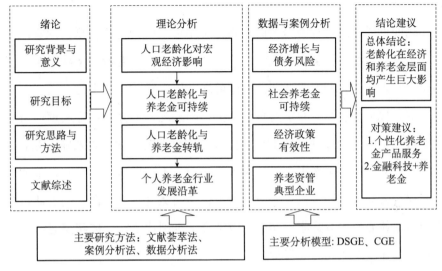

图 1 - 1 　技术路线

第五节　概念界定

（一）　养老保险制度

养老保险制度是国家按照法律规定，为解决劳动者在达到国家规定退休年龄或年老丧失劳动能力退出劳动岗位后的生计问题而建立的一种社会保险制度。按照养老保险的种类划分，我国养老保险主要由基本养老保险①、企业补充养老保险、个人储蓄性养老保险（个人储蓄性养老金）和

---

① 基本养老保险是指由国家或地方政府建立和管理的一种社会保障制度，旨在为退休人员提供经济支持和社会保障，具有强制性（国家立法并强制实行）、互济性（多由国家、企业和个人三方负担）和社会性（保障人数最为广泛）特征。

商业养老保险组成。

当前世界各国实行的养老保险制度主要可以概括为传统型、国家统筹型和强制储蓄型三种类型。其中，传统型养老保险制度旨在将养老金水平与个人收入挂钩，基本养老金按退休前雇员历年指数化月平均工资和不同档次的替代率来计算，并定期自动调整；国家统筹型养老保险制度的特点是实行完全的"现收现付"制度，并按"支付确定"的方式来确定养老金水平，养老保险费全部来源于政府税收，个人不需缴费，享受养老金的对象不仅为劳动者，还包括社会全体成员；强制储蓄型养老保险制度通过建立个人退休账户的方式累积养老保险基金，当到达法定退休年龄时一次性或按月发还本人作为养老保险金。

（二） 个人储蓄性养老保险 （养老金）

个人储蓄性养老保险即个人储蓄性养老金，简称个人养老金。主要指政府通过制度安排，鼓励通过个人账户，购买与自身个人风险收益特征相匹配的养老金融产品进行养老储蓄规划，从而实现养老资产累积。与商业养老保险相区别，个人养老金一般具有政府的政策支持，同时其产品销售和投资范围受监管约束，旨在通过丰富多层次养老保险体系，拓展保险经费来源，提高养老保险制度可持续性以及个人老龄生计保障。

（三） 人口老龄化

一般意义上，人口老龄化包括两层含义：一是指老龄人口相对增多，在总人口中所占比重不断上升的过程；二是指社会人口结构呈现老年状态。人口老龄化一般源于人口生育率的降低和人均寿命的延长，根据1956年联合国《人口老龄化及其社会经济后果》确定的划分标准，当一个国家或地区 65 岁及以上老年人口数量占总人口比例超过 7% 时，则意味着这个国家或地区进入老龄化。1982 年维也纳老龄问题世界大会确定，60 岁及以上老年人口占总人口比例超过 10% 意味着这个国家或地区进入严重老龄化。

第二章　研究综述

第一节　人口老龄化的经济效应分析

在人口老龄化对经济的影响分析中主要涉及三个方面：对经济长周期的影响机制研究、对政府财政负担影响和对政策效果的分析。

（一）　对经济长周期的影响机制研究

既有的文献认为人口老龄化对经济的影响主要通过劳动力供给、"消费—储蓄"替代、人力资本积累等因素实现。其中在劳动力供给影响方面，人口老龄化会通过劳动力供给数量、结构以及劳动参与率途径产生影响，继而影响经济增长。威利·莱布弗里顿和沃纳·罗格（Willi Leibfritz and Werner Roeger，2007）通过研究表明，劳动力供给增长速度会随人口老龄化加剧呈现下降趋势，同时，如果此时劳动生产率增长也随之减速，就会导致社会总产出下降，因此人口老龄化的加剧通过减少劳动供给而降低经济产出。佩雷斯、瓦伊曼和奥利维拉（Perez, Wajnman and Oliveira, 2006）通过对老年人健康与劳动参与率的实证发现，健康状况的恶化将导致老年人的工作时间缩短，劳动参与率下降，从而对就业产生不利影响。彭秀建（2006）利用 CGE 模型量化分析后，发现我国人口老龄化主要通过劳动力负增长和物质资本低增长两个渠道影响中国经济。胡鞍钢（2012）构建了 1990~2008 年我国省级面板数据模型，指出人口老龄化和人口总量增加对经济均产生不利影响。人口老龄化与消费—储蓄行为的研究始于生命周期假说和抚养负担假说，其中的结论性观点主要有，人口老龄化通过加重抚养负担从而消耗年轻人的储蓄积累，并降低经济增速（Peterson, 1999；Bosworth, 2006）。周晓慧（2016）认为，随着人口老龄化进程的加剧，中国人口结构中老年人口的数量和比重都在增加，她运用生命周期和持久收入假说，在采用组群分析方法的基础上，构建实证模型，结果表明中国居民在不同组群内的"年龄—储蓄率"曲线不同，在大部分组群中，人口老龄化对居民储蓄率存在显著负相关关系。在特定年份两者之间的作用机制不显著。这是由于高生育率造成的人口压力加大，导致前期劳动者更加努力地工作，或者理性人通过重新分配经济资源、协调生命周期行为的能力，从而增加资本积累提高社会产出（Mason and Lee, 2006）。唐东波（2007）利用一个简单的两期迭代模型，研究了人口年龄结构与最优储蓄率之间的关系。最终研究结果表明，人口老龄化能够促使居民最优储蓄率的上升。人口老龄化与人力资本问题的研究主要体现在对知识积累和技术进步方面的探讨，目前尚未达成共识。其中，富格尔和梅雷特（Fougere and Merette, 1999）通过构建物质资本与人力资本的 OLG 模型分析，认为人口老龄化通过工资税率变化和物质资本收入的改变影响了不同代际投资内容，减少物质资本投资，创造更多人力资本投资机会，增加社会人力资本投资，最终达到刺激经济增长的目的。刘永平、陆铭（2008）通过研究发现，人口老龄化对经济增长并非全部都是负面、消极的，相反，人口老龄化将促使教育人力资本投资上升，从而减缓对经济增长的不利影响。另一些学者则认为，人口老龄化会对人力资本投资产生不利影响。一方面，随着人口老龄化的深化，家庭的养老负担会加重，将导致向年青一代投入的教育资源下降，从而形成老龄化对教育资源的挤占效应；另一方面，预期寿命的提高意味着退休后的生活将更长，理性行为人预留给自己老年期消费的工作阶段的储蓄会增加，从而减少对子女的人力资本投资，这会对经济增长产生不利影响（Pecchenino and Pollard，2002）。郭熙保、李通屏和袁蓓（2013）研究认为，中国人口老龄化的加剧不利于人力资本的积累，而且还会导致创新精神衰退和技术进步的减缓。人口老龄化对其他经济因素的研究，除了上述三个方面外，在技术创新、第三产业和保险需求等方面的研究也在逐渐深入。比如，琼斯（Jones，2010）认为，个人的创新能力与年龄之间呈倒"U"形曲线的函数关系，这就意味着个人的创新能力与自身经济生产能力有直接关系，35~50岁年龄阶段是大部分人产生创新的时间，因此人口老龄化的加剧给创新发展带来不利影响。安德鲁，乔安和贝瑞（Andrew，Joann and Barrie，2000）通过研究发现，随着人口老龄化速度的不断加快，多数国家都将引致出更多的就业岗位，并且这些新增岗位更多分布于老年服务业之中，从而带动产业结构的升级，有利于第三产业的发展。陈彦斌（2014）在分析人口老龄化对中国宏观经济的影响时，得出人口老龄化在当前及今后一段较长时期内都不会对技术进步带来显著影响。汪伟等（2015）认为，人口老龄化与产业结构升级并不是对立的，中国应当顺应人口老龄化的趋势，在宏观经济政策上做好顶层设计，并充分利用人口老龄化对产业结构升级的诱发作用，推动产业结构高级化，实现经济的增长。

（二）　对政府财政负担影响

国外学者从财政可持续性的角度作了大量研究。生育率的下降、人口预期寿命的延长，作为人口老龄化加剧的两大因素，一方面导致养老金支出、护理费用等提高，进而增加财政支出负担。比如，艾维克等（Ewijk et al.，2006）研究发现，人口老龄化危及荷兰公共财政的可持续性，人口老龄化的加剧导致退休人员与工人人数之间的比例显著提高，致使养老金和健康、长期护理费用的增加超过税收的增加，最终破坏了未来公共支出与税收之间的平衡。普哈卡（Puhakka，2005）利用两阶段代际交叠模型与政府债务、现收现付养老金制度来研究老龄化对财政政策可持续性的影响，结果表明，人口老龄化对财政政策可持续性的影响很大，在养老金现收现付体制下，人口出生率下降加剧了人口老龄化，进而会降低可持续财政赤字的最大水平。即养老金作为人口老龄化加剧形势下财政支出的一项重要组成部分，如果养老金收入水平取决于退休前工作时期的收入，则养老金替代率的提高不会对财政政策的可持续性产生较大的影响（Diamond，1997；Abel，2003）；如果养老金收入水平取决于退休后的社会平均工资，则养老金替代率的上升会降低可持续财政赤字的最大水平（Cooley and Soares，1996；Bohn，2002）。另一方面，人口老龄化的加剧破坏了经济发展的平稳性，进而导致财政收入的下降。比如，埃斯克森（Eskesen，2002）以奥地利为例，人口老龄化在增加养老金、医疗保健和长期护理方面的公共支出的同时，显著地导致税收和社会保障收入的下降，即便是在对养老金改革乐观的前提下，财政收入的下降同样威胁着财政的可持续性。随着我国人口老龄化问题的日趋严峻，近年来关于中国财政负担问题的文献与讨论大量涌现。刘穷志、何奇（2012）探讨了人口老龄化对经济增长的影响以及实现均衡增长的财政政策，研究发现，当人口老龄化对经济增长起到促进作用时，均衡增长政策增加财政支出规模并加大健康保障支出，反之，则减少财政支出规模并加大公共教育支出。赵斌、原浩爽（2013）在老龄化背景下基于财政合理支付角度通过建立基础养老金长期收支模型分析了养老金财务制度的可持续性，结果显示政府每年拿出财政收入的约 2.34 个百分点才能保持基础养老金支付需要，据此提出政府必须建立起稳定的养老金财政补贴机制等建议，以应对潜在的缺口危机。李时宇、冯俊新（2014）量化分析了老龄化对中国政府资产负债表的冲击，研究表明，短期内老龄化给中国政府带来的额外财政负担并不大，但在长期内快速老龄化会使政府额外财政负担迅速增加。龚锋、余锦亮（2015）探讨人口老龄化、老年人商品税负担与财政可持续性的关系。分析结果表明，老龄人口比重与财政可持续性呈现"U"形关系，并建议延长退休年龄、扶持老龄产业发展、提高社会养老保障水平，从而增强老年人的消费能力和意愿，是老龄化社会改善财政可持续性的重要途径之一。姚金海（2016）通过构建理论模型对人口老龄化、养老金收支与财政风险之间的关系进行了揭示，结果表明，养老基金投资收益率的提高、退休年龄的延长有利于缩小养老金收支缺口，可以有效防范和化解老龄化带来的财政风险。

（三） 对政策效果的分析

随着对人口老龄化影响认识的深入，国际经济组织与部分发达国家中央银行在进行政策分析与仿真过程中开始聚焦人口因素，并对老龄化与货币政策的关联机制展开分析，研究发现，人口老龄化打破了货币政策在通

货膨胀与产出增长目标之间的权衡。宏观经济环境恶化、操作空间收窄以
及传导效果弱化是老龄经济体中货币政策调控面临的主要挑战（方显仓、
张卫峰，2019）。对货币政策的影响分析主要集中于货币政策传导机制、货
币政策中介目标与货币政策最终目标三个方面。其中在货币政策中介目标
方面，部分学者认为生育率下降和预期寿命延长是人口老龄化的直接原
因，并通过不同机制对自然利率产生影响。卡拉和冯·萨登（Kara and von
Thadden，2016）较早在包含格特勒（Gertler，1997）型异质性家庭的
DSGE 框架下发现，生育率下降引起的劳动力供给减少会抬高资本劳动比
例，降低资本边际产出，而预期寿命延长则强化了"为退休储蓄"的动
机，迫使在职者和退休者减少消费，进一步增加资本积累，二者共同推动
自然利率逐渐走低。基于相同的理论框架，费列罗和卡瓦略（Ferrero and
Carvalho，2013）、内奇奥等（Nechio et al.，2016）也证明生育率下降和预
期寿命延长会降低资本边际产出和居民边际消费倾向，打破储蓄投资平
衡，这使日本实际利率在 1990 ~ 2014 年下降了 1.5%。然而，格特勒
（1997）的简约型 OLG 模型着重刻画在职者和退休者两种异质性群体之间
的差异，而把群体内的个体视为代表性经济人，忽视了个体行为的持续演
化，可能会造成对实际利率变动幅度、变动时间等的估计偏误。基于此，
盖格尔等（Gagnon et al.，2016）、琼斯（Jones，2018）、苏度和泷塚
（Sudo and Takizuka，2018）、埃格森等（Eggertsson et al.，2017）构建了
具有完整生命周期维度的 OLG 模型，发现人口年龄结构确实是引起自然利
率波动的重要因素。此外，人口老龄化还可能通过生产力异质性机制
（Fujita and Fujiwara，2017）和金融加速器机制（Ikeda and Saito，2014）
影响利率动态，前者指出人口老龄化导致的社会生产力损耗抑制了总需
求，引起人均消费、自然利率和通货膨胀等宏观经济变量低频波动；后者
强调企业资产负债表恶化与资本边际产出下降相互作用，共同推动企业信

贷需求持续走低，强化了劳动力减少对自然利率的影响（Ferrero，2017；Aksoy，2015；Favero，2016）。在货币政策传递机制方面，货币政策通过利率渠道、财富效应渠道、汇率渠道和信贷渠道等影响实体经济，但其有效性可能在逐步减弱（Bernanke and Mihov，1998；Boivin and Giannoni，2006；Fujiwara，2006；Boivin et al.，2010；Taghizadeh‐Hesary and Yoshino，2015），而人口老龄化正是潜在原因之一。根据生命周期理论，居民年轻时收入小于支出，是净贷方，随着年龄的增大，财富不断积累，其债务水平总体呈倒"U"形态，意味着老年人可能对利率变化并不敏感，从而弱化货币政策利率渠道。另外，从资产角度看，老年人持有的资产较多，迫于保值增值考虑，也可能会对利率变动更加敏感，表明老龄经济体中的货币政策财富效应渠道趋于加强。最后，得益于较高的财富积累和较低的信贷需求，老年人外部融资溢价低，且自我融资倾向提高，预示着货币政策信贷渠道效力下降。另外，当老年人财富主要由银行存款、国债等固定收益类金融资产组成时，货币紧缩具有正向财富效应，这意味着当平均预期寿命较短时，退休者仅靠出售金融资产就足以维持开支，利率冲击通过正向财富效应将增加老年人消费，货币政策有效性较低；但在老龄经济体中，预期寿命延长迫使退休者提高劳动供给以平滑终生消费，除财富效应外，货币紧缩还造成退休者劳动供给下降，表明货币政策有效性较强（Fujiwara and Teranishi，2008）。在货币政策最终目标方面，除了上述的人口老龄化对经济增长与波动问题的影响，既有的文献对系统性金融风险亦有所着墨。其中，曼昆和威尔（Mankiw and Weil，1989）的开创性研究曾预测，随着婴儿潮一代逐渐步入退休年龄，美国房地产价格到2007年时将下跌47%，成为经济与金融稳定的重要威胁。此后有诸多学者的大量研究证实，人口变迁确实是导致房地产价格波动的重要因素，且随着少子老龄时代到来，房地产需求、投资和价格预计都会出现不同程度的下降，塔卡兹（Takáts，2012）、井上等（Inoue et al.，2016）以及重特和施密特（Jäger and Schmidt，2017）基于跨国面板数据也得出类似结论。但有别于曼昆和威尔（Mankiw and Weil，1989），上述预测均认为老龄化诱发的房价下跌幅度可能较为有限。遵循此逻辑，布鲁克斯（Brooks，2000）、戴维斯和李（Davis and Li，2003）戈亚尔（Goyal，2004）以及阿诺特和查维斯（Arnott and Chaves，2012）等发现，人口年龄结构和金融资产收益率间也存在关联，即金融资产收益率与工作年龄段（45～64岁）人口成正比，而与老年人口成反比。

第二节　养老金制度与改革

欧盟委员会（2001）曾经指出"待遇的充足性、财务的可持续性和对变化的适应性"是养老金计划长期可持续的三大原则，世界银行报告也提出"养老金制度的基本目标是能够提供充足、可负担、可持续和稳健的退休收入"。因此本书在当前我国养老金制度与改革背景下人口老龄化与经济系统性风险关系的研究中，对养老金的文献梳理也重点从最优养老金费率、养老金未来财务收支状况和养老金转轨三个方面展开。

（一）最优养老金费率

国内外的研究方法主要是通过效用最大化推导出最优的缴税率。其中比较有代表性的文章有阿尔乔纳（Arjona，2000）在动态一般均衡模型框架内测算了西班牙现收现付制社会保障制度的最优缴税率和最优替代率，研究结果显示，最优社会保障制度的存在与否与个人效用贴现率有关。当个人效用贴现率小于 1 时不存在最优社会保障制度，而且此结果在不同的人口统计特征下都成立。而当效用贴现率大于 1 时，存在最优社会保障税率和替代率。张和张（Zhang and Zhang，2007）在一个包含物质资本投资外部性、内生生育率和正的利他主义遗产的模型框架内证明了现收现付制社会保障制度存在的合理性并测算了最优的缴税率水平。孙雅娜等（2009）在模型框架内对目前中国养老金个人和社会统筹账户最优缴费率进行了测算，通过个人效用函数对个人账户缴费率求导、社会福利函数对社会统筹账户缴费率求导，从而分别得到最优的个人账户和社会统筹账户缴费率。封进和宋铮（2006）利用 14 期 OLG 模型考察人口年龄结构对养老保险制度福利效应的影响时测算了最优的养老保险社会统筹缴费率和替代率，他们得到的高生育和低生育方案下最优缴费率分别为 22% 和 25%。

（二） 养老金未来财务收支状况

可将文献中运用的定量模型归纳为基于经济学理论分析的一般均衡模型和基于精算原理的养老金收支预测模型两类。其中基于经济学理论分析的一般均衡模型分析文献有，谢辛斯基和维斯（Sheshinski and Weiss，1981）用考虑不定寿命的 OLG 模型分别考察了在完全积累制和现收现付制养老保险条件下社会保障的年金特性。佩切尼诺和波拉德（Pecchenino and Pollard，1997）将一个政府主办的精算公平的年金市场引入一个带有外部性和增长的 OLG 经济并考察其影响效果。佩切尼诺和波拉德（2002）还考察了税收政策对老龄化经济的影响。在精算原理的养老金收支框架下，代表性的研究文献有，阿贝尔（Abel，1987）基于各种事后估计的死亡率情景，解决了一个代表性消费者的消费和组合决策问题，该代表性消费者只能生存一期或两期，并以无风险债券和精算公平年金的形式持有其财产。张等（Zhang et al.，2001）研究了人口死亡率下降如何影响经济的长期稳定增长，该经济中具有社会保障制度和精算公平的年金市场。魏吉漳（2014）系统梳理了国际通用的测算退休金成本的精算方法，并运用上述方法测算了我国企业职工基本养老保险的精算应计负债。高建伟、丁克诠（2006）利用生存年金理论通过建立测算我国企业职工基本养老保险基金缺口的精算模型，对影响基本养老保险基金缺口的因素进行风险排序及敏感性分析，得出养老保险基金缺口产生的主要原因。于洪、曾益（2015）基于我国人口老龄化对养老保险体系可持续发展影响日益凸显的现实背景，运用系统精算模型对四种情况下我国基本养老保险基金的财务运行状况进行了动态模拟。王晓军（2012）评析了现金流量折现法和资产负债表法这两种具有国际代表性的公共养老金体系偿付能力评估模型。王晓军、米海杰（2013）基于精算和会计原理，用现金流量折现法和资产负债表法测算了我国城镇企业职工基本养老保险的支付缺口，得出了如果不改革现行制度，养老金的财务可持续性将面临挑战的事实。

（三） 养老金转轨研究方面

1994 年世界银行在《防止老龄危机：保护老年人及促进增长的政策》报告中首次提出通过发展养老金三支柱体系来共同应对老年人的养老风险。发展多层次养老金体系的意义在于以下几方面。首先，多支柱养老金制度可以实现功能互补。特别是在公共资源有限的情况下，在需求量大的国家短期内实行普遍的、统一标准的社会养老保障制度是不现实的，巨大的收入差距同样使建立无差别的养老保障不可行（辛本禄、蒲新微，2005）。其次，多支柱养老金制度可以实现风险分散。一方面，多支柱可以实现不同主体的责任分担，从而达到风险分散的目的。（王延中，2001）。另一方面，多支柱可以分散各支柱之间的收益风险。个人账户资金投资于金融资产，它易受资产收益风险变动的影响。由于工资增长率和投资收益率之间不完全具有关联性，因而可以分散风险、带来收益（Holzmann 2000；Lindbeck and Persson 2003；Nataraj and Shoven 2003）。最后，多支柱养老金制度可以改善经济效率。刘昌平（2008）认为，多支柱养老金制度更具经济效率，体现在四个方面：一是通过对多支柱养老金制度的改革，不仅可以规避现收现付制养老金制度产生的扭曲行为，还可以提高养老金制度的经济效应；二是通过基金积累制养老金制度强化个人激励，可以促进金融市场的发展，引导储蓄向投资转化；三是通过基金积累制养老基金社会化投资，可以实现养老基金保值增值；四是养老金制度改革也可能引发一个更广泛的经济领域的系列改革。

在多支柱养老金实践方面，已建立多支柱养老金制度的国家多数都取得了显著成效。奥娜·克劳迪娅·约内斯库（Oana Claudia Ionescu，2013）通过数据说明了一些 OECD 国家在引进私人养老金制度后，在保持退休者一定收入水平情形下，公共养老金的替代率得到较大幅度降低。孔德·鲁伊斯·吉和冈萨雷斯·奇（Conde‒Ruiz J I and González CI，2016）指出，与公共养老金占主导地位的俾斯麦模式国家相比，多支柱比较平衡的贝弗里奇模式国家公共养老金支出占 GDP 的比重一般要低于前者，从而有利于有效缓解政府的财政负担。根据 OECD 国家数据，在私人养老金较为发达的澳大利亚、加拿大、冰岛、新西兰、英国、美国等国，公共养老金支出占 GDP 的比重低于 OECD 平均水平，而在私人养老金制度欠发达的奥地利、芬兰、法国、德国、希腊、匈牙利、意大利、日本、波兰、葡萄牙、西班牙、斯洛文尼亚等国，公共养老金支出占 GDP 的比重要远高于 OECD 国家的平均水平（OECD，2015）。哈维尔·奥利维拉（Javier Olivera，

2010）利用秘鲁工人的相关数据资料，从养老金的公平性、养老金债务和福利三方面来评价实施多支柱养老金制度的效果，结果表明改革使领取退休金不平等现象明显减少；改革依据个人账户缴费额不同而相应不同程度地提高福利水平；并且养老金的债务水平也大幅度减少。胡安·耶尔莫（Juan Yermo，2012）也指出，多支柱养老金制度中的基金积累制可以减少就业扭曲，增加储蓄，提高金融中介的效率和水平，从而促进经济增长。

关于如何在中国发展和完善多支柱养老金制度，王延中（2001）主张，应开辟非常规保险资金来源（如通过财政资金划拨、变现国有资产、发行社会保障国债等），解决基础养老金转轨成本，进而建立社会统筹基金与个人账户相互独立的管理体制，将第二支柱个人账户积累制度独立出来并将个人账户基金交出独立的、具有竞争性的市场主体即基金管理公司运作，政府只起到监管作用。此后，王延中（2014）进一步提出了"双层"多支柱养老保障体系：首先，对于有一定缴费能力的劳动年龄人口，按照是否正规就业，建立职工基本养老保险和居民基本养老保险两种制度类型；其次，针对经核查无缴费能力的居民，达到退休年龄可享受中央财政直接支付的老年人的福利保障体系和基于地方财政收入自愿建立的地方性福利养老金；最后，剥离出企业年金、职业年金、个人账户制度等形成补充性养老保障制度并进行市场化投资运作。缪艳娟（2012）也主张，首先通过专项预算资金、政府发行特别债券等方式解决第一支柱养老金的历史债务问题，进而对于基础养老金、企业年金和个人储蓄养老金计划分别采取征收社会保障税、强制性缴费、金融政策引导等方式予以重构。董克用、孙博（2011）提出，基于"公民"和"年龄"身份建立普惠制国民养老金作为"零支柱"，将城镇基本养老保险中的社会统筹部分独立出来改造为基本养老金作为"第一支柱"，将基本养老金"个人账户"部分与企业年金合并为职业年金作为"第二支柱",自愿性个人养老金计划作为"第三支柱"。

第三节　动态随机一般均衡模型

新凯恩斯主义 DSGE 模型的发展脉络大致经历了三个阶段。

第一个阶段始于云(Yun,1996),作者首次将价格刚性与垄断竞争特征引入 RBC 模型,发现考虑经济摩擦因素能够更好地解释经济增长与通胀之间的关系。随后,埃尔塞格等(Erceg et al.,2000)将工资价格刚性特征引入模型,发现货币政策因素对经济波动具有重要作用,对产出、消费、投资等经济变量都会产生重要影响。这一结论不同于价格完全弹性时,货币供应量变化只能引起价格和通胀变化。其中,在名义黏性设置方面主要有两种方法:一种是卡尔沃(Calvo,1983)提出的方法,即假定每个期间只有部分经济单位能够实现工资或价格的最优化调整;另一种是罗腾堡(Rotemberg,1982)提出的厂商调整成本的设定。上述两种方式都认为,经济体系中行为主体难以对外生经济环境变化作出最优的调整,因此货币政策的短期干预具有重要作用。而垄断竞争思想的引入意味着经济系统中的厂商不再是瓦尔拉斯体系下价格的被动接受者,而是具有主动定价能力的差异化产品生产者。布兰查德和清泷(Blanchard and Kiyotaki,1987)将货币纳入 Dixit‐Stiglitz 型的垄断竞争模型,研究发现经济系统中存在帕累托改进的余地,即产出与就业均达不到完全竞争水平,这也为新凯恩斯主义强调政府干预经济提供理论基础。此后,Dixit‐Stiglitz 型加总框架被广泛应用于新凯恩斯主义 DSGE 模型之中。

　　第二个阶段是不断将经济体系中各种"摩擦"因素与外生冲击引入模型框架之中，使新凯恩斯主义 DSGE 模型能够更好地拟合现实经济运行特征。比如，坎贝尔和曼昆（Campbell and Mankiw，1989）、弗雷尔（Fuhrer，2000）的研究均发现，消费惯性在货币政策传导过程中具有重要作用。伯恩塞德和埃森鲍姆（Burnside and Eichenbaum，2004）提出模型在引入消费惯性后，其脉冲响应函数呈现驼峰状增长。拉文等（Ravn et al.，2006）在模型中引入深层次消费习惯后，发现价格弹性效应和跨期效应均会形成反周期的价格加成特征。克里斯蒂亚诺等（Christiano et al.，2005，2010）、斯梅茨和沃特斯（Smets and Wouters，2003，2007）的研究表明，纳入投资调整成本因素的 DSGE 模型能刻画出驼峰型投资脉冲函数。费恩（Finn，2000）、勒杜克和希尔（Leduc and Sill，2004）认为，资本利用率与投资调整成本密切相关，这是由于在厂商面临外生冲击调整生产规模的过程中，由于调整成本的存在，使厂商转而通过对资本利用率的调整来达到改变产量适应市场变化的目标。克里斯蒂亚诺等（Christiano et al.，2005）作为新凯恩斯主义 DSGE 模型中最具有代表性的文献，将上述"摩擦因素"融入 DSGE 模型，提出 CEE 基准模型框架，发现在解释美国及欧盟经济波动方面具有较好的特征，后续学者在此基础之上加以拓展并进一步研究具体经济问题。

　　第三个阶段始于 2008 年的国际金融危机，其中对于经济系统中公众预期与金融因素的忽视引起国内外学者的深刻反思，此后主流新凯恩斯主义 DSGE 宏观经济模型在金融部门构建方面进行了深入的拓展并形成了大量的文献。当前的主流思想是在经济传导过程中引入商业银行部门的摩擦与信用渠道，其建模策略主要有三种方式。第一种方式是基于金融加速器理论进行建模，该方法的理论思想来源于伯南克和格特勒（Bernanke and Gertler，1989）以及 BGG（1999）的两篇经典文献，古德弗伦德和麦卡勒姆（Goodfriend and McCallum，2007）在 BGG 模型基础上，通过对生产函数预持现金设定和引入完全竞争的银行部门来反映贷款创造。克里斯滕森和迪布（Christensen and Dib，2008）在债务合约的研究中通过名义利率形式给出，同时在对中央银行政策盯住目标中加入货币增速变动因素，从而更好地刻画债务通缩以及货币冲击效应。格雷夫（Graeve，2008）在模型中考虑到外部融资溢价因素后，发现该因素是导致宏观经济产生波动的重要原因。综上所述，在引入金融加速器和外部融资溢价后在一定程度上提高了模型对实际经济的刻画能力。第二种方式是从抵押物约束机制角度进行建模。当前主流文献主要是围绕抵押物价格和消费或产出的内在联系机制进行的刻画，其具体的处理方式是将代表性抵押物如房地产、资本、土地等引入家庭部门的效用函数或厂商生产函数之中。具有代表性的文献有亚科维洛（Iacoviello，2010）、刘（Liu，2010）、安德烈斯（Andres，2012）、戴维斯和黄（Davis and Huang，2012）等。第三种是围绕银行资本机制进行建模。比如，德拉斯等（Dellas et al.，2012）在标准 DSGE 模型中引入摩擦性的银行部门，发现资本市场摩擦使银行在面临流动性约束冲击时会抑制逆周期货币政策效果，而通过财政政策的流动性修复所产生的资产负债效应叠加货币政策配合能够使经济恢复均衡状态。杰拉利等（Gerali et al.，2010）、梅和莫兰（Meh and Moran，2010）和迪布（Dib，2010a，2010b）的研究结论均表明，银行资本渠道会放大和加速技术冲击对产出、投资和通货膨胀的影响，银行资本冲击将直接导致产出和投资出现明显下降。受上述研究结论影响，DSGE 模型逐步扩展到四部门模型（居民、厂商、政府和金融部门）。

在嵌入人口老龄化因素运用 DSGE 模型分析的文献中，大多集中于对货币政策有效性的分析。代表性的文章有，卡拉等（Kara et al.，2010）构建了包含人口结构的小型 DSGE 模型，发现人口老龄化长期来看影响均衡利率水平，但短期内不影响货币政策有效性。比恩（Bean，2004）发现，人口老龄化对货币政策影响不大。相反，滕原等（Fujiwara et al.，2008）将资本生产商、金融中介和政府等部门引入 DSGE 模型，得出两个结论：第一，社会中人口老龄化程度越高，自然利率水平越低。现有文献在对这一结论上保持一致。比恩（Bean，2004）认为，无论是转型期还是发达国家，人口老龄化将导致储蓄、劳动供给和自然利率水平大幅下降。坎图尔（Kantur，2013）认为，个人储蓄率将随人口老龄化程度提高而下降。第二，老龄化程度越高，货币政策紧缩对总需求影响越明显。这一结论依赖于退休人员可以重新返回工作的假设，由于退休人员收入取决于金融资产收益，货币政策紧缩冲击导致老年人口增加消费，为维持较高需求，假设老年人返回工作，并将其作为年轻人对待，总需求将下降更多。伊玛目（Imam，2013）分析了利率政策在不同年龄结构国家的效果：人口老龄化比率每增加1%，利率政策有效性将降低0.1%，其对就业率的效果也将降低0.35%。

第二篇　人口老龄化经济问题研究

第三章　人口老龄化、产业集聚与中国经济增长

第一节　引言

老龄化问题是当前人类社会所面临的共同挑战。经验事实和文献研究表明，老龄化过程中人口结构趋向长方形甚至金字塔形，经济社会总体经济消耗多、产出少，容易形成经济停滞、物价疲软、资产通缩、政策效果弱化等诸多经济问题（谭海鸣等，2016；蔡昉，2021）。近年来，我国人口老龄化形势日趋严峻，数据显示，截至 2022 年底，我国 65 周岁及以上人口 17 603 万人，占总人口的 12.6%，距离深度老龄社会标准不到 1.4 个百分点①。面对这一基础要素结构的重大变化，如何积极应对人口老龄化

---

① 数据来源：国家统计局 . http://www.stats.gov.cn/.

将成为中长期内我国经济高质量发展所面临的重点难点之一。近年来党中央、国务院立足于中华民族伟大复兴的战略全局，高度重视老龄工作，2019 年中共中央、国务院印发《国家积极应对人口老龄化中长期规划》中明确了中长期内我国积极应对人口老龄化的战略目标和制度框架；"十四五"规划纲要中进一步将人口长期发展战略作为"十四五"时期经济社会发展的重要任务，并从"推动实现适度生育水平、健全婴幼儿发展政策、完善养老服务体系"等方面作出具体部署。因此，如何在新征程中以人口高质量发展支撑中国式现代化，亟须深入分析人口老龄化对经济内生性系统影响机制，找出积极应对人口老龄化战略的现实路径，从而为全面建设社会主义现代化国家贡献智力支持。

应当注意到，在我国人口老龄化发展的同时，与之相伴生的一个典型人口特征是在部分城市出现的集聚现象。2010~2020 年，我国人口持续向少数核心城市，如深莞惠、上海都市圈和珠三角、长三角城市群集聚（如图 3-1 所示）。2000~2020 年全国 33 个都市圈和 19 个城市群中，常住人口占比分别由 52% 和 83.37%，提升至 57.93% 和 86.72%[①]。而这一人口迁徙现象与区域生产要素的配置效率密切相关，并在第三产业比重提升和创新赋能第二产业的转型升级中所形成的产业空间布局调整和产业集聚中得以加强。与之相对应的是，上述人口集聚地的 GDP 合计占比分别由 63.24% 和 71.33%，提升至 72.98% 和 82.37%。有学者[②]认为产业集聚是推动区域经济增长的重要动力，那么通过产业集聚的要素配置"红利"和人口结构调整，形成的全要素生产率水平提升和收入分配优化效应，能否

---

① 数据来源：根据历年《中国统计年鉴》相关数据整理得到。

② Gonzalez A V, Mack E A, Flores M. Industrial Complexes in Mexico: Implications for Regional Industrial Policy Based on Related Variety and Smart Specialization [J]. Regional Studies, 2017, 51 (4): 537 - 547.

成为破解人口老龄化困局的政策"利刃"，值得予以重视。

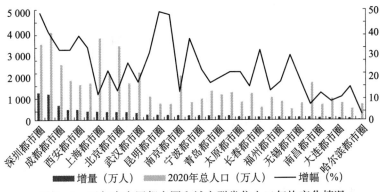

图 3 - 1　近年来中国都市圈和城市群常住人口年均变化情况

资料来源：根据《中国统计年鉴》整理而成。

　　事实上，由于产业与人口在区域经济增长中的良性互动引发的人口集聚是全球人口迁徙活动的重要特征。如图 3 - 2 所示，1950～2020 年，全球城市化率从 29.6% 增至 56.2%，1 000 万人以上城市人口占比从 0.9% 增至 7.1%，30 万人以下小城市人口占比从 17.8% 升至 22.9%，分别上升 6.2 个、5.1 个百分点。全球一些主要经济体在产业升级过程中都发生过上述情况。例如，美国在 1970～2000 年 8 州 GDP 占比从 35.6% 降至 24.8%，与之相对应的是，30 年间人口仅增加 937 万人，至 8 140 万人，占比大幅降至 25%①；而以能源、先进制造和现代服务业为主的加州、德州、佛州逐渐成为人口集聚中心。日本城市化进程中，人口随产业升级持续向大都市圈集聚，但在 1973 年左右，从向东京圈、大阪圈、名古屋圈"三极"集聚转为向东京圈"一极"集聚。

　　自马歇尔、克鲁格曼等人提出产业集聚所导致的规模报酬递增极易引起经济发展差异化以来，对于产业集聚和人口迁徙的互动关系，以及由此

---

① 数据来源：https：//www.census.gov/.

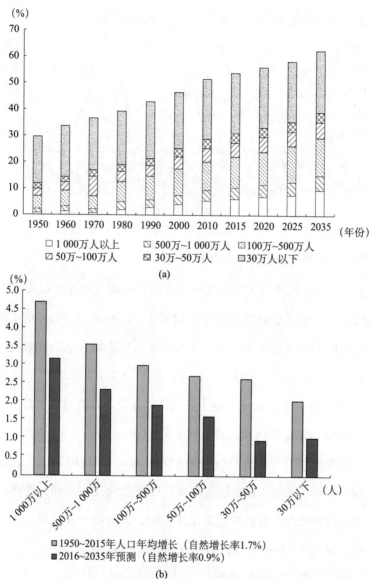

图3-2 全球不同规模城市人口增长分化情况

资料来源：历年的《中国统计年鉴》。

产生的经济增长效果，已有较多的文献研究。一是产业与工业集聚的作用关系。主要的观点有，产业结构高级化对区域增长的影响存在阶段性和区域特征①，人口集聚能够通过降低交易成本和提高效率对经济增长产生积极作用（Fan，1990；王金营和李竞博，2016；王胜今和王智初，2017；杨东亮和任浩锋，2018；陈大峰等，2020），人口集聚可以有效推进产业结构的高级化（Henderson，1997；焦勇，2015；王永进和张国峰，2015；许庆明等，2015）。二是产业集聚的区域增长贡献机制。多数文献认为，产业集聚有效地降低了创新成本、交易成本和产品差异化，并通过区域增长和集聚的自增长放大（Vargas and Garrido，2022），其主要路径是通过空间外溢、规模经济、产业分工深化、资源配置优化和产业升级实现的（Bucci and Ushchev，2021；汤长安等，2021；Zhang et al.，2022）。但人口老龄化所引发的要素价格变化是否会显著影响产业集聚的增长贡献，人口迁徙所产生外溢效果能否削弱人口老龄化对经济的负向冲击影响，还鲜有文章从理论和结构模型进行系统分析。当前中国正处于积极应对人口老龄化战略实施的重要窗口期，亟待构建现代产业体系和推进产业赋能升级，发挥有效政府的供给侧结构性改革引领作用，通过增量改革"红利"构建起长远的制度框架。本书构建一个嵌入人口老龄化和城市产业集聚的DSGE 模型，分析人口老龄化和产业集聚对经济发展产生的系统影响，从理论和仿真分析产业集聚如何通过影响要素配置优化，改变劳动要素的边际产出与报酬，进而抵消人口老龄化对经济形成的负向冲击。本书的研究创新之处是从产业集聚视角发展了要素报酬与经济增长的关系，边际贡献在于：一是将人口老龄化和产业集聚引起的冲击纳入 DSGE 模型，厘清了产业集聚在老龄社会状态下的经济产出贡献路径和机制；二是通过仿真模拟的反事实分析，弥补了由于数据和观测环境缺失导致的研究空白；三是通过数值模拟分析了城市产业集聚对老龄社会的经济发展动态影响，对经

---

①　沈坤荣，蒋锐. 中国城市化对经济增长影响机制的实证研究［J］. 统计研究，2007.

济研判和政策制定提供智力支持。

第二节　基准模型

模型对于研究主题的刻画主要体现在两个方面：一方面是对人口老龄化的设定，假定经济体包含在岗职工和退休职工两类，并通过对人口预测曲线的人口分布水平进行动态调整反映经济的老龄化水平。另一方面，对产业集聚的影响机制设定，首先，产业集聚将形成人口的迁徙性集聚和结构变化；其次，增加的拥挤成本通过房价波动的形成，进入并影响家庭部门的消费决策；最后，产业集聚将引致政府提高基础设施投资水平和公共服务性支出规模。具体的各部门的设定如下。

（一）　家庭部门

1. 在岗家庭部门

假定市场中存在比例为 ϕ 的在岗家庭，其效用函数和预算约束如下：

$$U[C_t, H_t, L_t]$$

$$= E_t \sum_{t=0}^{\infty} \beta_t \Big[\frac{C_t^{1-\sigma} - 1}{1 - \sigma} + \frac{H_t^{1-\eta} - 1}{1 - \eta} - \theta_{1,t} \Big(\kappa_{A,t} \frac{L_{A,t}^{1+\varphi_A}}{1 + \varphi_A} + \kappa_{B,t} \frac{L_{B,t}^{1+\varphi_B}}{1 + \varphi_B} \Big) \Big] \quad (3-1)$$

在岗家庭通过消费 C_t、住房支出 H_t 和负劳动 L_t 获得效用，$\beta(0 < \beta < 1)$ 为随机贴现因子；σ 和 η 分别表示普通消费与住房支出的偏好系数，对于在岗职工家庭而言，住房支出的刚性程度和家庭消费比重更大，设定为 $0 < \sigma < \eta$。

在岗家庭的劳动供给 L_t 由对一般生产部门的 $L_{A,t}$ 和对创新生产部门的 $L_{B,t}$ 构成，设定方式采取标准化[1]，与之相似，两类部门的离职率分别为 τ_A 与 τ_B，t 期新增劳动供给 $N_t = N_{A,t} + N_{B,t}$，由此可以构建在岗家庭部门参与两类劳动供给的动态就业方程关系：

$$U_t = 1 - L_t = 1 - L_{A,t} - L_{B,t} \qquad (3-2)$$

$$L_t = (1 - \tau\tau)L_{t-1} + N_t \qquad (3-3)$$

$$L_{A,t} = (1 - \tau_A)L_{A,t-1} + N_{A,t} \qquad (3-4)$$

$$L_{B,t} = (1 - \tau_B)L_{B,t-1} + N_{B,t} \qquad (3-5)$$

$$J_t = U_{t-1} + \tau_A L_{A,t-1} + \tau_B L_{B,t-1} = 1 - \left[(1 - \tau_A)L_{A,t-1} + (1 - \tau_B)L_{B,t-1}\right] \qquad (3-6)$$

如果将 J_t 定义为 t 期社会中在岗家庭部门寻找工作的劳动力总和，则 $\kappa_t = N_t / J_t$ 可以定义为 t 期就业率，对于两类劳动需求有如下就业率公式：

$$\kappa_{A,t} = N_{A,t} / J_t \qquad (3-7)$$

$$\kappa_{B,t} = N_{B,t} / J_t \qquad (3-8)$$

假定在岗家庭部门的收入来源于税后工资 $\omega_{A,t}$、$\omega_{B,t}$，资本收益 $R_{A,t}$、$R_{B,t}$、债券利息收入 r_{t-1} 和政府转移支付 Π_t，支出主要用于家庭消费 C_t、债券投资 B_t、住房购买 $\Delta H_t = H_t - H_{t-1}$[2] 和对两类生产部门的投资支出 $I_{A,t}^S$ 和 $I_{B,t}^S$，政府征税方式采取一次性总赋税模式 T_t，在岗家庭部门的预算约束方程为：

$$C_t + \Delta H_t + (I_{A,t}^S + I_{B,t}^S) + B_t = \omega_{A,t} L_{A,t} + \omega_{B,t} L_{B,t} +$$

$$R_{A,t} K_{A,t-1}^S + R_{B,t} K_{B,t-1}^S + (1 + r_{t-1})B_{t-1} + \Pi_t - T_t \qquad (3-9)$$

2. 退休家庭部门

假定比例为 $1 - \phi$ 退休人员不再参与劳动，其效用函数为：

---

① 陈乐一（2019）以及陈利锋（2016）。
② 表示家庭第 t 期增加的住房消费支出。

$$U[\tilde{C}_t] = E_t \sum_{t=0}^{\infty} \beta_t \left(\frac{\tilde{C}_t^{1-\sigma} - 1}{1 - \sigma} \right) \tag{3-10}$$

假定退休人员家庭将全部收入用于消费，收入的来源为政府发放的社会保险收入和房屋出售。其所面临的约束为：$\tilde{C}_t = \text{social}$。

（二）厂商部门

本书将企业部门分为创新型企业和一般型企业两类，同时假定两类部门产出共同构成了社会总产出 $Y_t = Y_{A,t} + Y_{B,t}$。

1. 创新型企业

假定创新型企业的生产过程设定为柯布 – 道格拉斯形式，函数如下：

$$Y_{A,t} = A_{A,t} (K_{A,t-1}^S)^{\gamma_s} (K_{A,t-1}^g)^{\gamma_g} (K_{BA,t-1}^g)^{\gamma_{BAg}} (L_{A,t})^{1-\gamma_s-\gamma_g-\gamma_{BAg}} \tag{3-11}$$

即创新型企业的产出 $Y_{A,t}$，来源于家庭部门私人资本 $K_{A,t-1}^S$、政府资本 $K_{A,t-1}^g$ 和政府基础设施 $K_{BA,t-1}^g$ 以及劳动投入 $L_{A,t}$[①]。γ_S、γ_g、γ_{BAg} 和 $1 - \gamma_s - \gamma_g - \gamma_{BAg}$ 分别表示相应资本和劳动投入的产出份额。由此，企业利润最大化原则可得：

$$\max_{K_{A,t-1}^S, L_{A,t}} \prod_{A,t} = Y_{A,t} - \omega_{A,t} L_{A,t} - R_{A,t} K_{A,t-1}^S \tag{3-12}$$

政府创新资本和基建资本积累方程为：

$$K_{A,t}^g = I_{A,t}^g + (1 - \delta_A^g) K_{A,t-1}^g \tag{3-13}$$

$$K_{BA,t}^g = I_{BA,t}^g + (1 - \delta_A^g) K_{BA,t-1}^g \tag{3-14}$$

其中，$I_{A,t}^g$ 和 $I_{BA,t}^g$ 分别表示政府第 t 期在创新型企业的创新和基建投资；

---

① （受生产技术水平所限，技术劳动供给必存在一定极限，因此假定其在劳动总供给中占比为 μ_A）。

δ_A^g 表示政府资本在技术创新类生产部门的资本折旧率①。

2. 一般型企业

对一般型企业而言，其总产出 $Y_{B,t}$ 的要素供给劳动 $L_{B,t}$ 与部分资本依然来源于家庭部门 $K_{B,t-1}^S$ ，同时，政府也将投入资金进行基础设施和平台建设 $K_{BB,t-1}^g$ ，因此，该类部门的生产函数可以表示为：

$$Y_{B,t} = A_{B,t} \left(K_{B,t-1}^S \right)^{\nu_s} \left(K_{BB,t-1}^g \right)^{\nu_{BBg}} \left(L_{B,t} \right)^{1-\nu_s-\nu_{BBg}} \qquad (3-15)$$

其中，$A_{B,t}$ 表示该部门第 t 期的全要素生产率；ν_s 、ν_{BBg} 、$1-\nu_s-\nu_{BBg}$ 分别表示相应资本与劳动投入的产出份额，其利润最大化公式如下：

$$\max_{K_{B,t-1}^S, L_{B,t}} \prod{}_{B,t} = Y_{B,t} - \omega_{B,t} L_{B,t} - R_{B,t} K_{B,t-1}^S \qquad (3-16)$$

政府对于基础建设的资本积累方程为：

$$K_{BB,t}^g = I_{BB,t}^g + \left(1 - \delta_B^g \right) K_{BB,t-1}^g \qquad (3-17)$$

其中，$I_{BB,t}^g$ 表示政府第 t 期在一般生产部门的基建投资；δ_B^g 表示政府基建投资在一般生产部门的折旧率。

3. 政府部门

政府的收入来自债券发行 B_t 、一次性总赋税 T_t ，支出则用于政府消费 G_t 、政府基础设施建设投资支出 $\left(I_{BA,t}^g + I_{BB,t}^g \right)$ 和创新投资 $I_{A,t}^g$ 、偿还债务和社保支出 $Social_t$ 。我们将财政部门的预算平衡形式设定如下：

$$G_t + \left(1 + r_{t-1} \right) B_{t-1} + I_{A,t}^g + I_{BA,t}^g + I_{BB,t}^g + Social_t = T_t + B_t \qquad (3-18)$$

（三）　冲击设定与经济系统一般均衡

为了考察产业集聚过程中引发的劳动力迁徙动态和经济后果，以及人

---

① 在不影响最终结论的前提下，为简化分析，假定同一生产部门的资本折旧率只与部门类别有关，与资本类别无关。

口老龄化对上述影响渠道的机制作用，模拟有为政府的政策引导效果，引入全要素生产率冲击、劳动力供给冲击和政府的购买性和投资性（基础设施建设投资和创新投资），冲击方程如下所示：

$$\ln\theta_{1,t} = (1 - \rho_{\theta_1})\ln(\mu_{\theta_1}L_t) + \rho_{\theta_1}\ln\theta_{1,t-1} + \xi\theta_{1,t} , \xi\theta_{1,t} \sim N(0,\sigma^2_{\xi_{\theta_1}})$$

$$(3-19)$$

$$\ln G_t = (1 - \rho_g)\ln(\alpha_g Y_t) + \rho_g \ln G_{t-1} + \xi_{g,t} , \xi_{g,t} \sim N(0,\sigma^2_{\xi_g})$$

$$(3-20)$$

$$\ln I^g_{A,t} = (1 - \rho^g_A)\ln(\alpha^g_A Y_{A,t}) + \rho^g_A \ln I^g_{A,t-1} + \xi^g_{A,t} , \xi^g_{A,t} \sim N(0,\sigma^2_{\xi^g_A})$$

$$(3-21)$$

$$\ln I^g_{BA,t} = (1 - \rho^g_{BA})\ln(\alpha^g_{BA} Y_{A,t}) + \rho^g_{BA} \ln I^g_{BA,t-1} + \xi^g_{BA,t} , \xi^g_{BA,t} \sim N(0,\sigma^2_{\xi^g_{BA}})$$

$$(3-22)$$

$$\ln I^g_{BB,t} = (1 - \rho^g_{BB})\ln(\alpha^g_{BB} Y_{B,t}) + \rho^g_{BB} \ln I^g_{BB,t-1} + \xi^g_{BB,t} , \xi^g_{BB,t} \sim N(0,\sigma^2_{\xi^g_{BB}})$$

$$(3-23)$$

其中，ρ_{θ_1} 表示家庭劳动力供给在两类生产部门的冲击自回归系数；μ_{θ_1} 表示劳动力冲击受各生产部门就业数的影响系数；ρ_g 表示政府购买支出冲击自回归系数，α_g、α^g_A、α^g_{BA}、α^g_{BB} 分别表示政府购买、技术创新类生产部门的创新投资和基建投资以及一般生产部门的基建投资占各生产部门生产总值的比重，这一设定表明政府在考虑增加政府购买、创新投资和基建投资时，往往依据两类生产部门的产出情况作出决策；ρ_A、ρ_B 分别表示两类生产部门的全要素生产率自回归系数；ρ^g_A、ρ^g_{BA}、ρ^g_{BB} 分别表示政府技术创新补贴以及两类部门基建补贴冲击的持续系数；$\sigma_{\xi_{\theta_1}}$、σ_{ξ_g}、σ_{ξ_A}、σ_{ξ_B}、$\sigma_{\xi^g_A}$、$\sigma_{\xi^g_{BA}}$、$\sigma_{\xi^g_{BB}}$ 分别表示相应的标准差。综上所述，市场出清条件为：

$$Y_{A,t} + Y_{B,t} = C_t + \Delta H_t + I^S_{A,t} + I^S_{B,t} + G_t + I^g_{A,t} + I^g_{BA,t} + I^g_{BB,t} \quad (3-24)$$

第三节 参数校准与估计

（一） 参数校准

本书基于现有文献和我国现行经济数据对模型的参数进行校准。在劳动力供给方面，根据联合国人居署数据显示，中华人民共和国成立以来，我国老龄化水平最低年份为 1965 年，60 岁以上老龄化水平为 6%；而根据预测，在中速老龄化进展情景下（生育率和死亡率由贝叶斯分模型得出，并假定国际迁徙率保持不变），我国 2050 年老龄化水平为 34.61%，此时老龄人口达到峰值，但老龄化水平仍持续上升，2100 年约为 37.82%。为模拟人口老龄化过程，将年轻劳动力占全部人口比例，设定为 0.436 ~ 0.665 区间，基准回归校准为 0.65。其余参数为方便起见，校准值汇总见表 3 - 1。

表 3 - 1　　　　　　　　　　参数校准值

参数	参数含义	参数取值
β	主观折现率	0.995
α	私人资本的产出弹性	0.24
κ_G	公共资本的产出弹性	7.11
δ_0	折旧	0.025
δ_2	二次项系数	0.29
κ	投资调整成本	4.51

续表

参数	参数含义	参数取值
W_p	不调整价格的概率	0.81
W_w	不调整工资的概率	0.83
θ_p	中间品替代弹性	2.06
θ_w	劳动力替代弹性	3
η	劳动力供给弹性的倒数	2.16
υ	私人品与公共品消费的替代弹性	0.8
κ_c	私人品消费占比	0.8
ρ_R	货币平滑参数	0.92
γ_π	通胀调节参数	1.63
γ_y	产出平滑参数	0.13
τ_s^c	商品税税率	0.216
τ_s^n	劳动收入课税率	0.123
τ_s^k	投资课税率	0.099
W_{GC}	政府消费占比	0.152
W_{GI}	政府投资占比	0.04
S_{bs}	负债率的稳态值	0.6
ρ_z	全要素冲击参数	0.9
$\phi_i\ (i=C,\ I,\ TR)$	产出调整参数	0.25
$\gamma_i\ (i=C,\ I,\ TR)$	负债率调整参数	0.125
ϕ	年轻人口比例	$[0.436,\ 0.665]$

对于本书模型中的其他参数，参考邓红亮和陈乐一（2019）、汪川（2020）的研究方法，同时借鉴已有文献，采用贝叶斯方法进行估计，结果见表3-2和表3-3。

表 3 - 2　　　　　　　　相关参数贝叶斯估计结果

参数	参数描述	先验分布			后验分布	
		分布类型	均值	标准差	均值	95% 置信区间
μ_A	技术创新劳动占比	G	0.2	0.1	0.2102	(0.2009, 0.2205)
μ_{θ_1}	劳动力冲击系数	N	0.5	0.2	0.4873	(0.4665, 0.5101)
α_g	政府购买占比	G	0.3	0.1	0.2604	(0.2482, 0.2727)
α_A^g	政府创新投资占比	G	0.1	0.1	0.0625	(0.0597, 0.0656)
α_{BA}^g	技术创新部门基建投资占比	G	0.2	0.2	0.1834	(0.1751, 0.1924)
α_{BB}^g	一般生产部门基建投资占比	N	0.3	0.1	0.3075	(0.2936, 0.3222)

注：G 代表伽马（GAMMA）分布，N 代表正态（NORMAL）分布。

表 3 - 3　持续系数和相应随机变量标准差等参数贝叶斯估计结果

参数	参数描述	先验分布			后验分布	
		分布类型	均值	标准差	均值	95% 置信区间
ρ_g	政府购买冲击持续系数	B	0.5	0.1	0.9897	(0.9437, 0.9999)
ρ_{BA}^g	技术创新类生产部门基建投资持续系数	B	0.8	0.1	0.7734	(0.7330, 0.8136)
ρ_{BB}^g	一般生产部门基建投资持续系数	B	0.8	0.1	0.8388	(0.7971, 0.8822)
σ_{ξ_g}	政府购买冲击标准差	IG	0.01	1	0.0065	(0.0062, 0.0068)
$\sigma_{\xi_{BA}^g}$	技术创新类生产部门基建投资标准差	IG	0.01	1	0.0126	(0.0121, 0.0132)
$\sigma_{\xi_{BB}^g}$	一般生产部门基建投资标准差	IG	0.01	1	0.0030	(0.0029, 0.0032)

注：B 代表贝塔（BETA）分布，IG 代表逆伽马（INVGAMMA）分布。

第四节　脉冲响应分析

（一）　城市产业集聚的劳动力迁徙和经济效应分析

为了分析城市集聚所引发的劳动力迁徙效应和产业的溢出效果，本书首先在不考虑家庭异质性情景下进行比较分析，评价存在产业集聚和不存在产业集聚情况下的变量冲击响应差异，进而识别产业集聚的经济效果。从图 3-3 对比中可以发现，当经济出现一单位全要素生产率冲击时，产出水平在当期出现跃升并持续上升，分别在第 5 期和第 12 期达到峰值再逐步下降。对比来看，在不考虑产业集聚情景下，产出的峰值和持续度更强，同时劳动力需求和工资价格均出现不同程度下降然后逐步恢复；受产出增长影响价格水平下降，使家庭部门的实际收入水平得到提升，进而带动消费和投资水平的提高。

但是这一传递机制在考虑到不同企业性质下表现有所不同，从图 3-4 中可以看出，外生冲击初期，全要素生产率水平提高，创新企业的产出响应更强并呈现持续上升态势，从而表现为劳动需求的下降水平更慢；但在产业集聚的外溢效果下，一般型企业的产出水平得以进一步提升，全要素生产率冲击对劳动力需求的"挤出"效果逐步转为"挤入"，使一般型企业的劳动力需求经历短暂下降后快速提升。受此影响，整体就业率水平表现为先小幅下降后快速提升，并带动消费水平的涨幅更高；但价格水平受到冲击后总体表现为先下降后上升，这主要源于家庭部门住房需求的提升

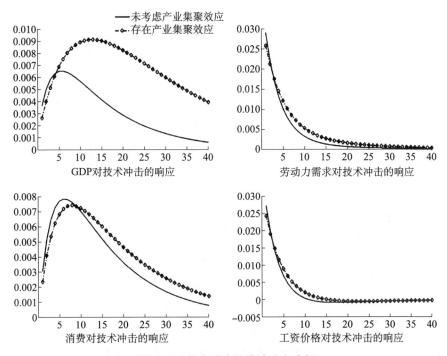

图 3-3　技术冲击的脉冲响应分析

带动了通胀水平的上涨，并在后期对家庭部门消费产生了抑制作用，表现为产业集聚形成的人口效应"负外部性"的提升抑制了消费和产出能力的进一步释放。

（二）　不同老龄化阶段城市产业集聚效应分析

从上面分析中可以看出，产业集聚形成的空间溢出短期内显著放大了外生冲击形成的经济增益，在中长期冲击的延续性受人口集聚的外部成本影响。在此基础上，为了进一步分析不同老龄化阶段冲击的异质性影响，本书首先对不同老龄化阶段、产业集聚程度与经济长期稳态的变化进行对比，随后对不同老龄化阶段产业集聚的经济增益路径进行剖析。

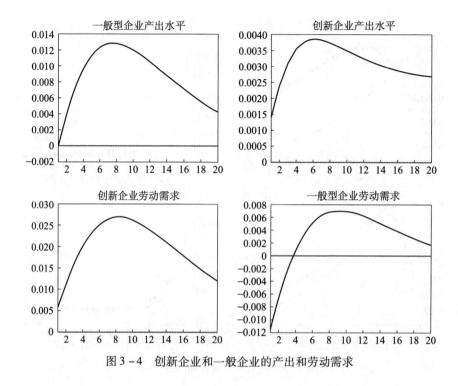

图 3-4　创新企业和一般企业的产出和劳动需求

1. 不同老龄化阶段经济长期稳态分析

在不考虑产业集聚机制情景下，随着人口老龄化程度的加深，总产出、消费、总投资以及资本存量等核心经济变量呈现下降态势。其中当经济社会中老龄人口占比由 18% 提升至 35% 时，全社会劳动参与率水平下降约 0.1%，但由于劳动者工作强度上升约 0.25%，抵消了部分劳动力减少的影响。消费水平与投资强度，则分别由 0.235 与 0.029 下降至 0.224 与 0.0275。这一方面反映出，在人口老龄化水平加深过程中，社会有效劳动数量受自然禀赋约束限制，具有刚性特征，经济体系难以通过工资机制对产出"缺口"进行弥补。另一方面反映出，由于社会收入水平与企业盈利能力的下降，在需求端表现为消费与投资需求的不足，这与现实中老龄化国家通常具有的低自然利率状态和低通胀状态具有一致性。而两者的共同作用推动产出水平的下降，在仿真模拟中，产出水平下降约0.015，如图3-5所示。

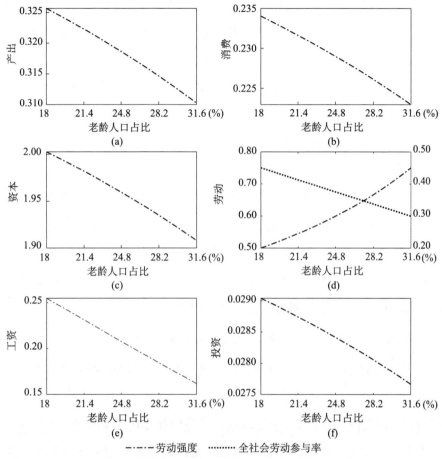

图3-5　不同人口老龄化阶段的经济长期稳态分析

　　在考虑到产业集聚效果后，进行相同的老龄化情景模拟，可以发现社会自然失业率水平的降低在一定程度抵消了劳动力供给的不足，从而使产出水平的下降更为缓慢。从需求端看，受人口老龄化住房供给的增加影响，在岗家庭的住房消费得到提高，从而使家庭部门稳态消费水平更高。

　　2. 人口老龄化、产业集聚与经济增长

　　为了进一步解释产业集聚的影响机制，本书模拟低老龄水平社会、高老龄社会和考虑到产业集聚效果的高老龄社会三种情景下全要素生产率冲击的经济差异。从图3-6中可以看出，人口老龄化显著降低了外生冲击的产出效果，这主要源于，一方面是技术进步所引致的劳动力需求下降，在高老龄化社会中工资价格的刚性程度更高，对成本的降低作用有效；另一方面是在产成品价格的降幅有限并未对物价水平产生实质性影响，从而对消费的刺激作用有限，进一步降低了全要素生产率提高对经济提升的深度和广度。在考虑到产业集聚的高老龄社会中，产出水平在产业集聚的空间溢出作用下初始产出水平更高，从要素的供求变化看，劳动力需求的下降在不同部门间具有抑制性，其中一般性企业的劳动力需求下降更快，产出水平叠加创新企业的技术溢出形成了更高的产出水平，从而带动价格水平下降和消费的增长，虽然受老龄社会下工资价格刚性和老龄人口的消费倾向影响较低，经济刺激效果表现为较快的衰退趋势，但从经济稳态水平看，仍然优于不考虑产业集聚的经济社会水平。

3. 老龄化异质情景下有为政府最优支出决策分析

通过上面的情景模拟可以发现，通过产业集聚的外溢红利能够在一定程度上缓解人口老龄化对经济产生的负向影响。对于政府而言，如何提高财政资金的支持效能，发挥有为政府的先发引导作用？本书进一步引入不同类型的财政支出冲击，考察不同老龄化社会中社会福利水平的变化影响。从表3-4中可以看出，对于老龄化程度较低的经济体，在既定的边际产出水平下，政府的基础设施建设投资能够更大限度地诱发经济的产出效果，从而形成更强的劳动力吸纳能力和消费效果。但是随着老龄化水平的提高，工资价格刚性对产出的增长的削弱作用成为核心，通过创新投资支出，更大程度发挥创新企业的产业集聚外溢效果，成为更优的政策工具。而对比来看，政府的消费性支出对于产出的刺激较为有限，同时在预算约束下，税率水平的提高对家庭部门的消费产生了较大的抑制作用，因此不论社会的老龄化程度如何，都是最弱的一类政策工具。

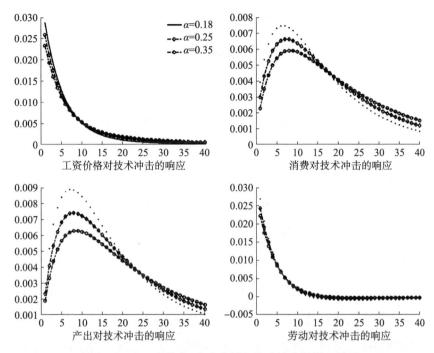

图 3-6 人口老龄化、产业集聚与技术冲击的增长效果

表 3-4					
		不同财政支出政策对比分析			
老龄化程度 （％）	财政支出类型	GDP 变化 （％）	劳动力变化 （％）	消费变化 （％）	税率变化 （％）
18	基础设施建设投资	3.50	2.00	1.80	0.50
25	创新投资支出	2.80	1.50	1.40	0.30
35	政府消费性支出	1.00	0.50	0.40	0.20
35	基础设施建设投资	2.00	1.00	0.90	0.70
35	创新投资支出	3.80	2.50	2.20	0.40
35	政府消费性支出	0.50	0.20	0.10	0.30

第五节 研究结论与启示

经历了摘掉贫困的"帽子"和享受人口红利的发展阶段，中国人口老龄化程度加深的特征也日益凸显，并表现出了世界上最快的老龄化速度、最大规模的老年人口以及未富先老的特征（蔡昉，2021）。为了研究特殊国情下我国老龄化程度加深对经济发展造成的影响，以及如何利用宏观调控手段破解"老龄社会"的难题，本书构建了包含人口特征的一般均衡模型，对人口老龄化、产业集聚和地区经济发展三者之间的关系进行了理论分析和数值模拟，以此阐明人口老龄化对地区经济发展的作用机理，以及产业集聚从中发挥的作用。研究发现：第一，随着人口老龄化程度的加深，将带来社会劳动力供给不足、全要素生产率增长放缓等问题，进而对经济增长产生负面影响。第二，产业集聚的效果主要是通过空间外溢带动产出提升，进而消费增长产生的，但房地产价格对中长期消费产生抑制作用。根据"人往高处走，人随产业走"的人口流动特征，产业集聚带来的地区人口结构变动和技术创新的外溢性将缓解人口老龄化对地区增长带来的抑制作用。第三，针对不同老龄化异质情景下有为政府最优支出决策进行模拟分析发现，财政的投资性支出能够缓解人口集聚效果，但是在不同老龄化程度的社会，最优政策工具的选择存在差异。

在上述结论的基础上，本书得出以下研究启示。

（1）顺应老龄化发展趋势，大力发展"银发经济"，努力将我国人口数量优势转变为人口质量优势，加快人力资本水平的提升和劳动生产率的稳步提高。在未来很长一段时期内，中国人口会呈现"老龄化"和"少子化"的特征，我国应注重社会保障体系的完善，努力使税收、养老与医疗发展与产业结构升级相适应，减轻人口老龄化对经济发展的负面冲击。针对我国老龄化人口规模大的特征，应不断挖掘适合老年人口的消费产业，在增进老年人福祉的基础上，激发老年人口的消费动力，为我国经济发展注入新动力。

（2）发挥产业集聚正向作用，提高产业链的协同性完整性，破除影响产业集聚和人口迁徙的制度性障碍。要素充分流动将有利于规模经济的产生，并形成人口要素和资本要素的积累，对冲人口老龄化对经济增长产生的抑制作用。对此，国家应尽快出台相关政策畅通"国内大循环和国内国际双循环"的格局，完善户籍制度改革，破除户籍制度对于人口迁徙的影响；并且积极稳定房地产市场价格，预期老龄化程度加深对房地产供给格局的变化影响，发挥好供给的红利。

（3）贯彻落实创新驱动发展战略，多管齐下推动我国区域创新水平。人口老龄化带来的直接影响是劳动力供给不足，为此国家应进一步提高科技创新资本投资，鼓励技术创新，利用全要素生产率的提升弥补劳动力供给不足的短板。根据我国老龄化程度的区域异质性特征，发挥产业投资引导基金作用。例如，在高老龄化程度的地区，应注重基础设施投资，做好高龄人口的公共服务保障工作；在低老龄化程度的地区，注重科技创新投资，利用创新发展撬动老龄产业结构升级，实现创新效用最大化。

第四章　人口老龄化、数字经济
与中国宏观税收风险问题研究

第一节　引言

经济进入新时代，我国经济面临的风险挑战日趋增多，一方面受世界经济增速放缓，中美贸易摩擦等外部冲击影响；另一方面经济内部面临需求收缩、供给冲击、预期转弱三重压力，这些均使我国税收收入呈现增速放缓、波动性放大特征。与此同时，在大规模组合式税费支持政策推出、财政支出"提质增效"的背景下，叠加既有债务存量形成的支出压力，使财政出现"紧平衡"状态，税收风险问题凸显。这使税收分析——就风险管理角度而言——服务于国家宏观经济决策和社会管理的重要性日益提升。近年来，国家税务总局和各级税务机关依托税收信息化的大数据优势，对加强税收风险分析及机制途径等领域开展了有益探索，然而在税收

风险定量预测、税收风险的宏观形成机制方面仍存在较多不足。因此，如
何利用和借鉴前沿经济分析工具，对税收风险情况作出更细致科学的判断
成为本书的重要研究目标。

从当前中国经济影响税收风险基础性要素禀赋变迁的情况来看，一方
面人口老龄化问题无疑成为制约中国经济潜在增速的重要原因；另一方
面，快速发展的数字经济已成为驱动我国新一轮技术变革和产业优化的支
柱性力量（见图 4 - 1）。对于前者而言，我国人口老龄化形势严峻，突出
表现为老龄人口基数大、高龄化趋势加剧和养老储备不足等问题。国家统
计局数据显示，截至 2022 年底，我国 60 岁及以上人口为 2.8 亿人，占总
人口的 19.8%；65 岁及以上人口为 2.1 亿人，占总人口的 14.9%。根据
联合国（United Nations，2016）预测，在 2050 年我国老年人数会超过美国
的总人口，老年人占总人口比例超过 1/3，80 岁及以上高龄老人规模达到
1 亿人左右，其老龄化进程是法国的 10 倍、日本的 3 倍。而与之形成鲜明
对比的是，我国养老储备的严重匮乏，我国进入老龄化国家时，人均 GDP
是日本同期的 1/6、美国同期的 1/9。因此，日益严重的人口老龄化可能产
生的经济增长负面效应与税收风险问题引起了学界的忧虑与政府的高度关
注（蔡昉，2001；陈友华，2005；刘永平和陆铭，2008；吴玉韶，2015；
董克用，2017）。对于后者而言，近年来以云计算、大数据、人工智能、
物联网、区块链等信息通用技术为代表的数字经济不仅成为国民经济的核
心增长极之一，还成为产业赋能和结构优化的重要战略组织形态（柏培文
和张云，2021；郭吉涛和梁爽，2021；白雪洁等，2021）。中国信息通信
研究院发布的《中国数字经济发展白皮书（2021）》指出，2020 年我国数
字经济规模达到 39.2 万亿元，占 GDP 比重达 38.6%；2016 ~ 2018 年，仅
以计算机、通信和其他电子制造业，电信、广播电视和卫生传输服务，软
件和信息技术服务业，互联网和相关服务为代表的数字经济细分行业为

例，对税收的直接贡献度即达到 7.29%。因此本书在人口老龄化进一步加深的背景下，分析老龄化对税收风险的影响机制和数字经济发展对高质量发展的影响路径，以期对税收风险的宏观影响因素识别作出有益探索。

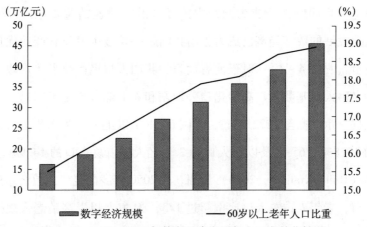

图 4 - 1　2014 ~ 2021 年数字经济发展与人口老龄化情况

资料来源：《中国互联网发展报告》《国家老龄发展事业公报》。

第二节　文献综述

税收风险是指政府在税收获取过程中，由于经济不确定性以及制度缺陷、政策和管理失误等原因，造成税源恶化、税收增长乏力、税收调节功能减弱，并最终导致税收收入不能满足政府职能支出需要的可能性（高志立等，2001）。多数学者认为，税收风险来源具有分层嵌入特征，其中经济周期（Auerbach and Gorodnichenko，2012）、税收政策调整（Mertens and Ravn，2013）、税收征管效率（Kleven and Knudsen，2011；Slemrod，2007）

以及经济结构和产业特点（Keen and Smith，2006；Mascagni，2011）等原因是形成税收风险的主要因素。对于税收风险的测度，从宏观层面的分析研究相对较少，且指标选取和评估模型等方面并未形成一致性结论（傅卓荣，2018）。比如，斯蒂芬妮（Stevanie et al.，2020）从经济风险、税法不确定性和不正确信息处理三个维度构建相关指标体系；李华等（2021）利用实物期权模型分析税收的不确定性；陶玲和朱迎（2016）从经济检测与预测逻辑视角出发，构建了从先行性、一致性、促进性到结构性的预警指标体系，并作出了相关实证分析。鉴于本书研究的主体旨在探讨要素禀赋变迁对中长期宏观视阈的税收风险影响，因此文献综述主要从人口老龄化与税收风险、数字经济的税收风险关联两个维度进行综述。

（一）　人口老龄化与宏观税收风险的影响研究

随着老龄化时代的来临，"老龄化代价"可能成为公共财政脆弱性的一个主要诱因，因此在财政评估框架中应当将人口因素纳入为呈现真实财政状态的重要考量（郑秉文，2011）。越来越多的学者关注到老龄化和公共财政的问题，并试图从人口结构变迁角度对上述问题作出机制解释，但具体在税收风险领域相关的研究仍然匮乏，相关学术研究主要集中于税收增长和波动性的分析。对于前者多数研究认为老龄化会削弱税收增长能力（Bloom et al.，2010），布卢姆（Bloom，2004）对多个世界发达国家的模拟研究发现，老龄化比率提高会导致税收收入的减少，但影响深度具有异质性；而一国的产业结构、养老金政策以及税制结构是造成这种差异的重要影响（Börsch-Supan and Wilke，2004）；另外，从纵向影响看，不同社会老龄化阶段，由于劳动力减少等负向冲击对税收收入的汲取可能存在非线性变化，而通过延迟退休和养老金制度转轨等政策调整能够在一定程度上抵消这一负向影响（Fenge and Meier，2005）。对于后者而言，学界并未得到较为一致的观点，部分学者认为人口老龄化程度的加深，劳动力规模的萎缩将提高市场的稳定性，从而降低了劳动税收入的波动性（Gokhale and Kotlikoff，2002；Dolls et al.，2012）；但亦有学者认为老龄化过程中经济衰退将放大经济的波动性从而对税收稳定产生共振影响，且这一税收浮力系数随老龄化的加深而提高（Aizenman and Brooks，2018）；此外，奥尔巴赫和李（Auerbach and Lee，2014）经研究得出传统税收政策在老龄化环境中的失灵，进一步放大了税收的波动性。

（二） 数字经济对税收风险的影响研究

通过文献梳理，当前数字经济对税收风险的影响分析主要集中于对征管风险的影响探讨，一方面数字经济的产业形态与传统税制要素的厘定存在一定差异，对现行税制形成了挑战和冲击，形成了税收流失的风险（陈兵、程前，2015）；另一方面，数字经济发展过程中，伴随物联网、大数据、深度学习等代表性技术的成熟与应用，对数字政务转型和税收征管带来了前所未有的发展机遇，通过创新税收治理方式有效降低了稽查风险水平（许峰，2020；罗敬蔚，2022）。对于宏观税收风险的影响分析，主要体现在：一是对税收增长的影响贡献。OECD 的相关研究表明，数字经济通过产业融合、创新消费和生产形态、数字要素赋能、推动跨境贸易和服务等方式增加税收收入，在微观层面提升企业管理效能和降低消费者搜索成本等渠道，对流转税和所得税增长形成积极贡献（OECD，2014）；但这一影响能力存在一定的异质性（Fuest，2018），研究表明，数字经济发展可能导致税基侵蚀和利润转移从而降低了经济体的有效税负水平（IMF，2019）。二是对税收稳定性的影响。有研究认为，数字经济发展伴随技术创新和商业模式的更迭，增强了税源的行业集中度和盈利波动，从而放大了税收的不稳定性（Boadway and Keen，2009）；但同样有研究表明，税收的多样性能够对税收稳定形成积极贡献，数字经济的发展提高了税源的多样化从而有助于税收稳定（IMF，2019）。

综上所述，通过人口老龄化、数字经济对税收风险的作用贡献和影响路径的文献梳理，可以看到当前对宏观税收风险的来源识别和趋势性分析仍然存在一定空白，文献主要聚焦于税收增速和稳定性视角探讨中长期上述要素变迁的贡献影响，但对其影响作用机制和系统性判断存在缺失。鉴于此，本书拟构建一个包含异质性家庭部门和嵌入数字经济结构的动态随机一般均衡模型，探讨人口老龄化对税收风险的中长期影响路径以及数字经济所带来的系统性作用，从而探讨分析未来我国重大要素禀赋变迁与税收风险的影响。本书可能的边际贡献主要有三个方面：第一，在研究视角方面拓展了既有的税收风险测度体系，补充了税收风险在宏观长周期动态识别的空白，在动态随机一般均衡框架下探讨要素供给结构对税收风险的影响路径。第二，在模型构建方面，借鉴并拓展了克里斯蒂亚诺和莫托（Christiano and Motto，2018）和张良贵、王立勇等（2022）的分析框架，基于劳动和数据要素禀赋变迁的动态变化机制，测度分析人口老龄化和数字经济结构优化对税收风险的影响机制，为人口老龄化分析拓展了新的视角。第三，在模拟仿真基础之上，提出通过数字经济推动老龄社会发展、实现税收风险可控的可行路径和税制方案，为政策制定提供参考。

第三节　模型构建

　　模型对于研究主题的刻画主要体现在两个方面：一方面是在人口老龄化的设定，假定经济体包含在岗职工和退休职工两类，并通过对人口预测曲线的人口分布水平进行动态调整反映经济的老龄化水平。另一方面，对数字经济的刻画主要体现在人力资本积累的设定和数字经济部门的刻画，对于前者以互联网信息技术为代表的数字经济领域拓展了家庭部门的学习方式和交互媒介，形成了人力资本投资增益，并通过人力资本累计方程进入家庭部门的最优决策过程和厂商部门的产出函数；对于后者，数字经济的主要类型包括产业数字化、数字产业化和数字基础设施，本书假定数字经济部门的产出是上述细分行业的柯布—道格拉斯函数形式，通过厂商新增技术渠道影响产出。具体的函数设定如下所示。

　　1. 家庭部门

　　（1）在岗家庭部门。

　　假定市场中存在比例为 ϕ 的在岗家庭，其效用函数和预算约束如下：

$$u(\cdot) = \log C_t + \eta_1 \log(1 - H_t) \qquad (4-1)$$

　　在岗家庭通过消费 C_t 和负劳动获得 H_t 效用，其收入主要来源于税后工资 ω_t、资本收益、债券利息收入、政府转移支付 TR_t 和家庭数字资产 DE_t，支出主要用于消费、投资和购买公债，其中 I_s^c，I_s^n，I_s^k 分别代表商品税税率、投资课税税率、劳动收入税率以及数字资产税率。

$$C_t + I_t + D_t \le \omega_t H_t + (1 + R_{t-1})D_{t-1} + R_t^{DG} DE_t + TR_t \qquad (4-2)$$

　　假定在岗家庭部门的劳动有效供给区分为劳动时长 H_t^ω 和人力资本积

累 H_t^{edu} 两部分，采取干中学策略提升自身技能，假设 H_t 满足：

$$H_t = (H_t^{\omega})^{\rho_\omega} (H_t^{edu})^{1-\rho_\omega} \qquad (4-3)$$

$$H_{t+1}^{edu} = DE_t (edu_t)^{\omega} \qquad (4-4)$$

其中，ρ_ω 表示有效工作时间比例，ω 表示人力资本投资过程中的知识储备；而人力资本投资 I_t^{edu} 由家庭数字资产 DE_t 和代表学历水平 edu_t 决定，其函数形式分别为：

$$DE_t = (DB_t)^{\rho_{DB}} (DI_t)^{\rho_{DI}} (ID_t)^{\rho_{ID}} e^{\varepsilon_t^{mes}} \qquad (4-5)$$

即家庭数字资产水平分别由全社会数字基础设施 DB_t、数字产业化 DI_t 和产业数字化 ID_t 水平决定，ρ_{DB}、ρ_{DI}、ρ_{ID} 分别代表对应的存量水平在数字资产构成中的占比。

（2）退休人员家庭部门。

假定比例为 $1-\phi$ 退休人员不再参与劳动，其效用函数为：

$$E_t \sum_{k=0}^{\infty} \beta^k [\ln(C_{r,t+k})] \qquad (4-6)$$

假定退休人员家庭将全部收入用于消费，收入的来源为政府发放的社会保险收入。其所面临的约束为：

$$(1 + \tau_t^c) C_{r,t} = Social_t \qquad (4-7)$$

2. 厂商部门

厂商部门的生产函数柯布—道格拉斯形式：

$$Y_t = A_t K_{yt}^{\alpha} (\tau_t^{\vartheta} H_{yt}^{1-\vartheta})^{1-\alpha} \qquad (4-8)$$

其中，Y_t 表示最终产品的总产出，A_t 表示外生的技术水平，K_{yt} 表示家庭部门投入的资本存量，H_{yt} 表示厂商投入生产的人力，τ_t 表示技术存量，α、ϑ 分别表示资本存量的产出份额以及技术存量在劳动供给中的产出份额。技术存量 τ_t 满足：

$$\tau_{t+1} = (1 - \delta_\tau)\tau_t + new\ \tau_t \qquad (4-9)$$

$$new\ \tau_t = \lambda\ (RD_t \cdot \tau_t)^v\ T_t \tag{4-10}$$

其中，$new\ \tau_t$ 表示厂商的新增技术，δ_τ 表示技术折旧率，v 表示研发效率，假定研发投入 RD_t 由人力资本投入、资本累积和家庭数字资产所决定：

$$RD_t = A_t\ (K_{rdt})^{\alpha_K}\ (H_{rdt})^{\alpha_h}\ (DE_t)^{\alpha_{DE}} \tag{4-11}$$

$\alpha_K, \alpha_h, \alpha_{DE}$ 分别表示相应要素投入的替代弹性，同时假设人力和资本要素按照替代弹性约束投向生产和研发过程：

$$H_t = (H_{yt})^{\rho_{hy}}\ (H_{rdt})^{1-\rho_{hy}} \tag{4-12}$$

$$K_t = (K_{yt})^{\rho_{ky}}\ (K_{rdt})^{1-\rho_{ky}} \tag{4-13}$$

资本存量 K_t 累积方程满足：

$$K_{t+1} = x_t\ I_t + (1 - \delta_k)K_t \tag{4-14}$$

3. 数字经济部门

假设数字经济部门由三部分组成，即数字设施、数字产业化和产业数字化，形式参照柯布—道格拉斯生产函数设定。数字设施 DB_t 取决于经济发展和研发投入，满足：

$$DB_t = (Y_t)^{\beta_y}\ (RD_t)^{\beta_{RDB}} \tag{4-15}$$

数字产业化 DI_t 取决于研发投入和数字设施，满足：

$$DI_t = (RD_t)^{\beta_{RDI}}\ (DB_t)^{\beta_{DBD}} \tag{4-16}$$

产业数字化 ID_t 取决于研发投入、数字设施和数字产业化，满足：

$$ID_t = (RD_t)^{\beta_{RID}}\ (DB_t)^{\beta_{DBI}}\ (DI_t)^{\beta_{DII}} \tag{4-17}$$

其中，β_y 表示经济发展在数字设施中的占比，β_{RDB} 表示研发投入在数字设施中的占比，β_{RDI} 表示研发投入在数字产业化中的占比，β_{DBD} 表示数字设施在数字产业化中的占比，β_{RID} 表示研发投入在产业数字化中的占比，β_{DBI} 表示数字设施在产业数字化中的占比，β_{DII} 表示数字产业化在产业数字化中的占比。

4. 政府部门

政府的收入来自债券发行、劳动收入课税、商品税和投资课税，支出则用于政府消费、数字基础设施投资、转移支付、偿还债务和社保支出。我们将财政部门的预算平衡形式设定如下：

$$\frac{B_t}{P_t} + \tau_t^n \omega_t N_t + \tau_t^c C_t + [u_t r_t^k - \delta(u_t)]\tau_t^k K_{t-1} =$$

$$C_{G,t} + I_{G,t} + TR_t + \frac{R_{t-1}}{\pi_t}\frac{B_{t-1}}{P_{t-1}} + Social_t \qquad (4-18)$$

$$K_{G,t} = (1 - \delta_G)K_{G,t-1} + \left[1 - S_{G,t}\left(\frac{I_{G,t}}{I_{G,t-1}}\right)\right]I_{G,t} \qquad (4-19)$$

$$S_{G,t} = \frac{K}{2}\left[\frac{I_{G,t}}{I_{G,t-1}} - 1\right]^2 \qquad (4-20)$$

（1）宏观收入风险的评价模型以税收收入的变异系数作为衡量指标。

（2）冲击设定和市场均衡方程。假设模型引入全要素生产率 A_t、商品税、劳动税、资本税、数字资产税和数字经济基础设施投资、冲击：

$$\log(R_t^{DE}) = \rho_{rde}\log(R_{t-1}^{DE}) + \varepsilon_t^{rde} \qquad (4-21)$$

$$\log(x_t) = \rho_x\log(x_{t-1}) + \varepsilon_{xt} \qquad (4-22)$$

$$\log(I_t) = \rho_I\log(I_{t-1}) + \varepsilon_{It} \qquad (4-23)$$

$$\log(\Theta_t) = \rho_x\log(\Theta_{t-1}) + \varepsilon_{\Theta t} \qquad (4-24)$$

$$\log(A_t) = \rho_x\log(A_{t-1}) + \varepsilon_{At} \qquad (4-25)$$

$$\log(edu_t^{up}) = \rho_{eup}\log(edu_{t-1}^{up}) + \varepsilon_t^{up} \qquad (4-26)$$

$$\log(edu_t^{low}) = \rho_{elow}\log(edu_{t-1}^{low}) + \varepsilon_t^{low} \qquad (4-27)$$

假设总产出 Y_t 由消费 C_t、投资 I_t、政府支出和数字经济 DE_t 组成，即：

$$Y_t = C_t + I_t + DE_t \qquad (4-28)$$

第四节　参数校准与估计

本书基于现有文献和我国现行经济数据对模型的参数进行校准，关注的核心参数有以下内容。

1. 在税率校准方面，国际上衡量实际税负的一般方法为有效税率法，其测度方法最早由门多萨（Mendoza，1994）提出。目前国内常见的衡量方式主要有两类，一类是在资金流量表基础上依据税种进行划分，对消费、劳动和资本有效税率进行测度，如李芝倩（2006）；另一类则是完全基于资金流量表的国民收支数据进行测算，如周慧（2020）。考虑到本书的研究目标为考察不同税种的宏观经济效应，以及探讨未来我国税制改革取向的针对性，故采取第一类测度方式。其中，商品税 $\tau_s^c = 0.2164$，用间接税与城市维护建设税占最终消费比重反映；劳动收入课税 $\tau_s^n = 0.1233$，以劳动要素征税收入[①]与收入法 GDP 中劳动者报酬的比值衡量；投资课税 $\tau_s^k = 0.0996$ 以资本要素征税收入[②]与收入法 GDP 中营业盈余和固定资产折旧之和的比值作为测算依据。

2. 在劳动力供给方面，根据联合国人居署数据显示，新中国成立以来，我国老龄化水平最低年份为 1965 年，60 岁及以上老龄化水平为 6%；而根据预测，在中速老龄化进展情景下（生育率和死亡率由贝叶斯分模型

---

① 包括个人所得税中工资薪金、稿酬所得、劳务报酬、个体工商户经营所得中的劳动所得（以社会平均工资水平为标准估计），烟叶税以及社会保险费。

② 包括企业所得税、财产与行为税、资源税类、环境保护税、耕地占用税、土地增值税以及个人所得税中个体工商户的资本所得。

得出，并假定国际迁徙率保持不变），我国 2050 年老龄化水平为 34.61%，此时老龄人口达到峰值，但老龄化水平仍持续上升，2100 年约为 37.82%。为模拟人口老龄化过程，将年轻劳动力占全部人口比例 ϕ，设定为 0.435~0.665 区间，基准回归校准为 0.65[①]。为方便起见，我们将参数的校准值和参数的估计值汇总于表 4-1 和表 4-2。

表 4-1 参数校准

参数	参数说明	参数值	数据来源
β	消费折现因子	0.9700	Cooley, T. F. , & Prescott, E. C. （1995）
α	生产函数中资本份额占比	0.5120	国家统计局发布的国民经济核算数据
ϑ	技术存量在非资本投入中的份额	0.2000	参考文献：Romer, P. M. （1990）
δ_τ	技术折旧率	0.0150	行业平均技术更新速率，参考文献：Solow, R. M. （1957）
δ_k	资本折旧率	0.0960	国际货币基金组织（IMF）的资本存量折旧率报告
δ_h	人力资本折旧率	0.0100	国家统计年鉴中的居民消费数据分析
C/Y	稳态居民消费占产出比	0.3000	国家统计年鉴中的居民消费数据分析
I/Y	稳态投资占产出比	0.4900	世界银行世界发展指标数据库（World Bank World Development Indicators）
DE/Y	稳态数字经济占产出比	0.2100	数字经济发展报告，参考文献：Brynjolfsson, E. , & McAfee, A. （2022）
τ_s^C	商品税	0.2164	《税务年鉴》税收数据整理形成

① 2020 年劳动供给水平，数据来源：联合国人居署. https://www.un.org/development/desa/zh/about/desa-divisions/population.html.

续表

参数	参数说明	参数值	数据来源
τ_s^n	收入课税	0.123 3	《税务年鉴》税收数据整理形成
τ_s^k	投资课税	0.099 6	《税务年鉴》税收数据整理形成
ϕ	年轻劳动力占全部人口比例	0.650 0	联合国人口基金（UNFPA）的人口年龄结构报告

表4-2　　　　　　参数估计

参数	参数说明	先验分布		后验分布			
		分布函数	均值	均值	标准差	90%置信区间	
$\eta 1$	闲暇权重	invg	1.5	1.444 9	0.10	1.306 2	1.586 2
υ	研发效率	norm	0.6	0.601 7	0.10	0.395 1	0.704 0
ω	人力投资中学历占比	norm	0.35	0.346 5	0.01	0.328 1	0.361 2
ζ_h	人力结构替代弹性	invg	0.2	0.177 6	0.06	0.124 6	0.243 7
α_K	研发中资本占比	invg	0.5	0.435 3	0.10	0.337 2	0.538 9
α_h	研发中人力占比	invg	0.5	0.558 4	0.10	0.403 5	0.698 5
α_{DE}	研发中数字经济占比	beta	0.5	0.518 4	0.05	0.449 8	0.605 6
ρ_{DB}	数字经济中数字设施占比	beta	0.5	0.487 4	0.05	0.410 3	0.573 9
ρ_{ID}	数字经济中产业数字化占比	beta	0.5	0.493 5	0.05	0.427 8	0.563 3
ρ_{DI}	数字经济中数字产业化占比	beta	0.5	0.498 9	0.05	0.429 8	0.568 5
β_Y	数字设施中经济水平占比	norm	0.35	0.349 5	0.01	0.331 0	0.364 4
β_{RDB}	数字设施中研发投入占比	invg	0.3	0.304 4	0.01	0.292 7	0.316 9

续表

参数	参数说明	先验分布		后验分布		
		分布函数	均值	均值	标准差	90% 置信区间
β_{RDI}	数字产业化中研发投入占比	invg	0.3	0.302 2	0.01	0.290 1	0.320 2
β_{DBD}	数字产业化中数字设施占比	invg	0.5	0.423 1	0.10	0.347 6	0.554 8
β_{RID}	产业数字化中研发投入占比	invg	0.3	0.303 6	0.01	0.289 3	0.318 2
β_{DBI}	产业数字化中数字设施占比	invg	0.3	0.299 0	0.01	0.284 8	0.315 6
β_{DII}	产业数字化中数字产业化占比	invg	0.5	0.440 9	0.10	0.353 5	0.557 3
ρ_{hy}	生产中人力投入比例	invg	0.5	0.648 6	0.10	0.427 0	0.874 1
ρ_{ky}	生产中资本投入比例	invg	0.5	0.442 1	0.10	0.328 4	0.547 9
ρ_{rde}	从数字经济获得收益率回归系数	invg	0.5	0.540 4	0.10	0.428 0	0.6819
ρ_{x}	投资效率回归系数	invg	0.5	0.525 6	0.10	0.383 5	0.670 7
ρ_{I}	新增投资回归系数	invg	0.5	0.733 8	0.10	0.588 8	0.875 6
ρ_{Θ}	技术扩散速度回归系数	invg	0.5	0.448 7	0.10	0.343 6	0.539 6
ρ_{A}	技术水平回归系数	invg	0.5	0.484 2	0.10	0.390 0	0.603 4
ρ_{eup}	高学历人力回归系数	invg	0.5	0.809 5	0.10	0.694 3	0.936 9
ρ_{elow}	低学历人力回归系数	invg	0.5	0.544 2	0.10	0.430 4	0.645 2

第五节　模拟分析

1. 不同老龄化阶段经济稳态与税收风险变迁分析

为了考察要素禀赋变化所引发的经济系统性影响和税收风险变化，本书首先考虑在一个不包含数字经济部门的基准模型，分析人口老龄化经济的长期影响效果。从图4-2中可以看出，随着人口老龄化程度的加深，总产出、消费、总投资以及资本存量等核心经济变量呈现下降态势，这一结论与竹志奇（2022）等研究一致。其中，当经济社会中老龄人口占比由19%提升至35%时，全社会劳动参与率水平下降约0.1%，但由于劳动者工作强度上升约0.25%，抵消了部分劳动力减少的影响。消费水平与投资强度则分别由0.235与0.029下降至0.224与0.0275。这一方面反映出，在人口老龄化水平加深过程中，社会有效劳动数量受自然禀赋约束限制，具有刚性特征，经济体系难以通过工资机制对产出"缺口"进行弥补；另一方面反映出，由于社会收入水平与企业盈利能力的下降，在需求端表现为消费与投资需求的不足，这与现实中老龄化国家通常具有的低自然利率状态和低通胀状态具有一致性。而两者的共同作用推动产出水平的下降，在仿真模拟中，产出水平下降约0.015。

此外，从税收风险指数变动情况看，由于总体产出水平的下降，带动稳态税收收入水平递减，而从经济基础变量对税收收入的影响关联看，首先由于老龄化所引发的劳动供给减少（贡献率60.03%）和工资价格下降（贡献率39.97%）的双向压力对劳动税的影响较大；其次为商品税，一方面受社会收入水平与企业盈利能力的下降影响，在岗家庭消费减少，另一

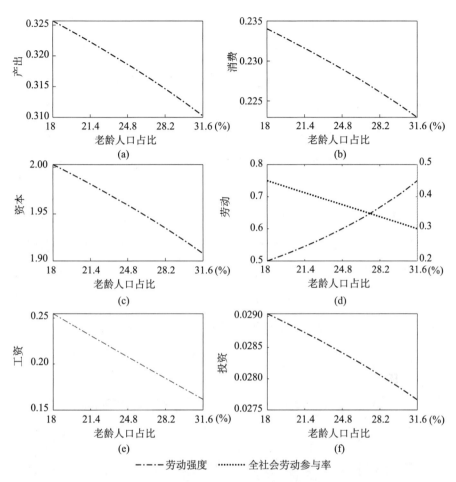

图4-2　不同人口老龄化阶段的经济长期稳态分析

方面随着老龄人口占比的提高，较低的边际消费倾向使社会总体消费水平趋于下降，从而对商品税形成负向影响。再次为资本税，在岗家庭的投资意愿的下降放缓了资本的累积速度，虽然在深度老龄化阶段其收入持续上升，但对税收收入的正向贡献趋弱。从财政体系的平衡影响看，在现收现付的养老金体系下，人口老龄化带来的社保支出压力，压缩了政府消费性和投资性支出空间，并使政府债务出现被动增加，从而进一步抑制了均衡产出水平和税收收入。

2. 不同老龄化阶段数字经济技术冲击的税收风险异质性分析

（1）不同数字经济技术冲击的脉冲响应分析。为了进一步观测数字经济发展对经济产生的冲击影响，本节首先将原有模型的家庭部门退化为同质化设定，即不考虑人口老龄化的情景数字经济外生冲击性影响。图 4-3 中可以发现，不同类型的数字经济冲击均对经济增长产生了积极贡献但影响深度具有一定的异质性。首先是数字产业化对经济增长的冲击影响最强，这主要得益于数字产业化通过新消费业态创造，提高了家庭部门的效用水平，形成了新的消费增长极；与此同时，数字业态的产业化落地带动企业的产出供给，推动了产业的增长，但在数字消费冲击下推高了总体价格水平并对其他消费品消费在中长期形成了挤出作用，因此冲击的持续性相对较弱。其次为产业数字化冲击，产业数字化发展一方面通过人力资本投资与教育的结合提升家庭部门的劳动要素产出水平，增加家庭部门收入

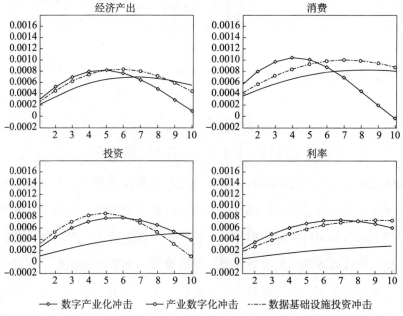

图 4-3　不同数字经济技术冲击的脉冲响应分析

水平，对家庭消费产生积极影响，另一方面在产出端，通过与技术存量的结合促进研发效率，并引发了研发投入的潮涌，提高了经济产出水平，并推动价格水平的下降，从而使消费增长的持久性较高。最后为数据基础设施投资冲击，冲击对数字经济部门的增长影响最显著，并对厂商部门的产出形成积极贡献，但在泰勒规则货币政策约束下，政府投资的增加产生了挤出效应，从而削弱了产出增长，但由于数字基础设施对其他数字经济领域的基础性贡献，使冲击形成的滞后性效果较好。

从数字经济冲击与税收风险的影响看，在税收收入增长方面税收增长的变化趋势与产出波动影响较为一致，首先是数字产业化带动形成的税收增长最大，其次为产业数字化，再次为数字基础设施。在税收的波动性影响方面，由于数字基础设施对产业的带动影响，使总体的税收变化波动性较小，因此对税收风险的影响最小，产业数字化冲击其次，数字产业化冲击波动最大，如图 4 - 4 所示。最后从本书所构建税收风险指标来看，总体而言数字经济冲击对税收风险的影响中，产业数字化冲击所形成的税收风险最小，其次为数字基础设施，再次为数字产业化冲击。

（2）不同老龄化阶段数字经济技术冲击的税收风险。在上述研究基础之上，本书进一步考虑人口老龄化对上述冲击的影响效果与差异。本书分别校准考虑三种老龄化深度情景，分别是 18% 、25% 和 35% 。从冲击效果的变化对比看，随着人口老龄化水平的提升，数字产业化冲击对产出和税收的贡献逐步衰减，这主要源于人口老龄化的加深，降低了社会总体消费水平从而对冲击贡献形成拖累，而产业数字化由于能够对劳动生产效率形成带动作用，使人口老龄化对其冲击效果影响最小。从总体税收风险的变化情况看，人口老龄化未改变冲击对税收风险影响的序数，但不同冲击对税收风险的贡献影响差距进一步放大，其中数字产业化对税收风险的影响由 1.73 提升至 2.51，但产业数字化和数字基础设施所引发的税收风险有所收窄，分别由 1.08 和 1.37，降至 1.02 和 1.29，如图 4 - 5 所示。

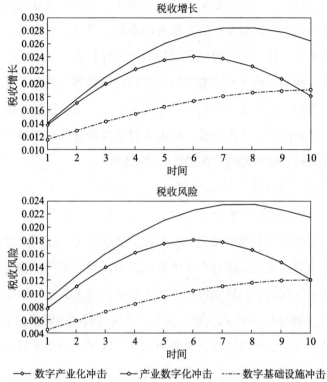

图4-4　数字经济技术冲击的税收风险变化

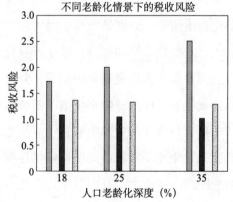

图4-5　不同老龄化阶段数字经济技术冲击的税收风险

第六节　结论与对策建议

本书通过构建一个包含人口老龄化和数字经济结构的动态随机一般均衡模型，仿真分析要素禀赋变迁对税收风险的影响效果和作用渠道，主要研究结论和启示有以下三个方面。

（1）随着人口老龄化的加深，劳动力供给的减少和消费偏好的变化，对稳态经济产出水平和税收风险均形成了负向影响。

（2）数字经济发展总体能够对产出和税收增长形成积极贡献，但不同的数字经济业态对税收风险的影响路径和影响深度具有异质性，在深度老龄化社会中，首先是产业数字化冲击对税收安全的影响最小，其次为数字基础设施建设，再次为数字产业化。

（3）数字经济的发展在一定程度上能够抵消人口老龄化对税收风险带来的不利影响，但在不同时期数字经济发展的重点方向应有所侧重，从当前阶段和形势看，应当加快推动产业数字化的渗透影响，利用好当前数字产业化的经济效应空间，从更长产业周期视角下规划数字基础设施的发展。

第五章 人口老龄化背景下
减税降费政策有效性研究

第一节 引言

  我国经济在规模优势向创新优势转变的进程中，正面临着"逆全球化"以及发展中国家和发达国家的"双向挤压"。"十四五"时期，要形成以国内大循环为主体、国内国际双循环相互促进的新发展格局，仍然离不开积极财政政策的有效支撑。而以减税降费为代表的税收政策，作为"十三五"时期以来我国实施积极财政政策的重要方向和供给侧结构性改革的有效着力点，不仅满足供给改革与需求管理的政策双重约束条件，具有明显的制度性与长期性特征，还兼具宏观调控与税制结构优化的双重功能①，

---

① 白景明，张学诞，梁季，等. 减税降费政策评估报告——基于高质量发展视角的分析 [J]. 财政科学，2019，48（12）：5-22.

其政策效果近年来日趋明显。据中国政府网数据表明，2019 年底，我国大中小口径的宏观税负水平分别为 34.02%、19.21% 和 15.94%，较去年分别下降 3.11%、1.16% 和 1.43%。"营改增"全面铺开后，以建筑、金融、房地产、餐饮和住宿业为代表的产业税负降幅明显。据中国政府网数据表明，2020 年，为应对新冠疫情，以逆周期为特征的阶段性减税降费政策，新增降费超过 2.5 万亿元，有效助力中小企业纾困发展。后疫情时代，随着阶段性减税降费政策的适时退出，未来改革的重点将是优化和落实政策，提高减税降费的精准性与有效性。但较之于成熟的市场经济国家，当前我国减税降费的传导机制与运行规律缺乏深入探讨；随着要素禀赋的变迁和产业结构调整，政策在中长期内的有效性尚不明确。为此本书通过构建一个包含我国税制结构和人口结构的新凯恩斯动态随机一般均衡模型，考察短期内我国减税降费的动态传导机制与政策效果；在此基础之上，进一步考察中长期内人口老龄化引致的劳动供给结构转型对减税降费政策有效性的影响。

第二节　文献综述

当前有关减税降费的文献，大多集中于对减税降费政策的实施效果与评价①、未来减税降费的政策取向与对策建议和减税降费政策的实现路径三个维度，对减税降费的宏观机制与效应问题讨论较少。从减税降费的宏观经济效应来看，厦门大学"中国季度宏观经济模型"课题组（2019）研

---

① 张萌. 我国减税政策：梳理、评估和走向 [J]. 税务研究，2020，427（8）：26 – 30.

究分析认为，当前减税降费政策主要从供给端为企业"降成本"，在外部市场需求不确定性提高以及国内市场消费增速趋缓的背景下，大规模减税降费政策的投资激励效应有限①。张车伟等（2020）分析认为，更大规模的减税降费优化了部门间分配，为经济增长注入了新的活力②。李勃昕等（2019）研究了税负变化与对外直接投资的创新溢出作用，发现仅在适度区间有助于释放溢出红利③。王业斌和许雪芳（2019）研究分析了减税降费政策对小微企业劳动生产率的变化情况④。彭飞等（2018）认为，"营改增"对城市发展产生显著影响，这一效应在东部地区更加显著⑤。从减税降费对微观企业的影响来看，杨森平和刘晓瑛（2020）研究减税降费对制造业企业价值的影响，发现对企业收益率具有提升作用，其影响效果在区域与产业方面具有异质性⑥。毛捷等（2020）考察"营改增"对企业创新行为的影响，发现"营改增"降低了试点企业的流转税税负，提升了企业的现金流状况，有助于企业的专业化分工以及为企业创新提供有利条件⑦。傅娟等（2019）基于调研数据研究了减税降费中企业的非税负担情况，认

---

① "中国季度宏观经济模型（CQMM）"课题组. 大规模减税降费政策的宏观经济效应模拟——2019—2020 年中国宏观经济再展望 [J]. 厦门大学学报（哲学社会科学版），2019（06）：98 – 106.

② 张车伟，赵文，李冰冰. 国民收入在部门间的分配及减税降费的影响——基于七部门资金流量表的测算与分析 [J]. 中国人口科学，2020（06）：16 – 28, 126.

③ 李勃昕，韩先锋，刘斌. 宏观税负是否影响了对外直接投资的创新溢出？[J]. 财政研究，2019（10）：87 – 99.

④ 王业斌，许雪芳. 减税降费与经济高质量发展——来自小微企业的微观证据 [J]. 税务研究，2019（12）：16 – 21.

⑤ 彭飞，许文立，范美婷. "营改增"对城市发展的影响及其作用机制研究 [J]. 财政研究，2018（03）：99 – 111.

⑥ 杨森平，刘晓瑛. 减税降费与企业价值——来自上市制造业企业的证据 [J]. 税务研究，2020（08）：11 – 18.

⑦ 毛捷，曹婧，杨晨曦. 营改增对企业创新行为的影响——机制分析与实证检验 [J]. 税务研究，2020（07）：12 – 19.

为企业对非税负担感受沉重的原因在于企业盈利困难①。分税种或分行业的减税降费政策效应方面，刘蓉和汤云鹏（2020）考察了个人所得税和《个体工商户条例》改革对企业就业产生的影响，研究发现，2011~2015年，受益于这两项改革，个体工商户雇员规模增加70%，营业收入平均增加110%，税后收入平均提高133%②。席卫群（2020）研究了我国制造业的税收负担情况，认为有必要进一步优化税收政策降低制造业企业税负③。李颖和周洋（2020）以"营改增"行业的上市公司数据为研究基础，发现供应链的协调度是影响"营改增"改革后企业获利水平差异的重要因素，暗示"营改增"改革有助于产业的分工与协调④。李颖硕（2020）以河南省企业社会保险缴费数据和降费情况为基础，对社会保险降费政策的效应进行了综合分析⑤。罗秦（2019）认为，在减税降费目标要求下，未来消费税改革应该减增结合，轻税为主，即适当降低高档消费品税率，以轻税助力消费升级，而仅对不利于资源环境保护的消费品继续实施增税⑥。

从上述文献可以看出，既有研究缺乏从宏观机制角度，解释减税降费政策的传递路径和经济效果，另外由于制度与外生环境迁徙，对政策的实施效果产生的影响讨论较少。为此，本书重点就上述问题进行拓展分析。

---

① 傅娟，叶芸，谯曼君. 减税降费中的企业非税负担定量研究［J］. 税务研究，2019（07）：19-22.
② 刘蓉，汤云鹏. "稳就业""稳增长"的政策搭配：消除制度约束与减税降费［J］. 财政研究，2020（06）：3-18.
③ 席卫群. 制造业资本使用成本、所得税负与固定资产投资——基于我国省级面板数据的分析［J］. 广西师范大学学报（哲学社会科学版），2021，57（04）：129-142.
④ 李颖，周洋. 供应链协调与"营改增"的盈利效应［J］. 财经研究，2020，46（10）：93-108.
⑤ 李颖硕. 企业社会保险降费政策效应和问题分析——以河南省养老保险降费政策实施情况为例［J］. 税务研究，2020（06）：41-44.
⑥ 罗秦. 我国促消费背景下深化消费税改革之探讨——历史回顾、国际经验与现实选择［J］. 税务研究，2019（06）：36-44.

第三节　基准模型

除去异质性家庭的设定，本书的模型设定大部分与 BLACK E S (2005)① 的设定相同②。假定在一个经济体系包含：工人与退休工人两类家庭，面临垄断竞争的中间品厂商和完全竞争的最终品厂商。其中，政府主导财政与货币政策，并且使用扭曲税率从经济中获取收入。

（一）　在岗工人家庭部门

假定市场中存在比例为 φ 的工人家庭，效用函数如下：

$$E_t \sum_{k=0}^{\infty} \beta^k \left[\ln(\tilde{C}_{w,t+k}) - \chi \frac{N_{w,t+k}^{1+\eta}}{1+\eta} \right] \tag{5-1}$$

$$\tilde{C}_{w,t} = (\kappa_c^{\frac{1}{v}} C_{w,t}^{\frac{v-1}{v}} + (1-\kappa_c)^{\frac{1}{v}} C_{Gt}^{\frac{v-1}{v}})^{\frac{v}{v-1}} \tag{5-2}$$

其中，β 表示贴现系数（主观折现率）；$\tilde{C}_t$ 表示一组包含公共与私人消费品的消费束。χ 表示劳动力供给的权重参数，η 表示劳动力供给弹性的倒数。K_c 表示私人与公共消费品之间的比例，v 表示私人消费与公共消费的替代弹性。家庭面临的预算约束形式如下：

$$(1+\tau_t^c)C_{w,t} + I_{w,t} + \frac{B_{w,t}}{P_t} = (1-\tau_t^n)\frac{W_t N_t}{P_t} + [(1-\tau_t^k)r_t^k u_t + \tau_t^k \delta(u_t)]K_{w,t-1} +$$

$$R_{t-1}\frac{B_{w,t-1}}{P_t} + TR_{w,t} \tag{5-3}$$

---

① Black E S, Devereux J P, Salvanes G K. The More the Merrier? The Effect of Family Size and Birth Order on Children's Education. CEE DP 50. ［M］. Centre for the Economics of Education, 2005.

② 鉴于篇幅所限，本章仅列示核心模型方程，感兴趣的读者可向作者索取。

其中，家庭的收入来自税后工资 W_t、资本收益 r_t^k、债券利息收入 R_t、政府转移支付 $TR_{w,t}$，支出主要用于消费 $C_{w,t}$、投资 $I_{w,t}$ 和购买公债 $B_{w,t}$。其中 τ_t^c、τ_t^k、τ_t^n 分别表示商品税率、投资课税税率和劳动收入课税率[①]。

家庭面临的资本积累方程约束为：

$$K_{w,t} = \left[1 - \delta(u_t)\right]K_{w,t-1} + \left[1 - S_t\left(\frac{I_{w,t}}{I_{w,t-1}}\right)\right]I_{w,t} \qquad (5-4)$$

$$S_t = \frac{\kappa}{2}\left[\frac{I_{w,t}}{I_{w,t-1}} - 1\right]^2 \qquad (5-5)$$

$$\delta(u_t) = \delta_0 + \delta_1(u_t - 1) + \frac{\delta_2}{2}(u_t - 1)^2 \qquad (5-6)$$

其中，S_t 为投资调整成本，折旧 δ 为资本利用率 u_t 的二次形式。

（二）退休人员家庭部门

假定比例为 $1-\varphi$ 退休人员不再参与劳动，其效用函数为：

$$E_t \sum_{k=0}^{\infty} \beta^k [\ln(\tilde{C}_{r,t+k})] \qquad (5-7)$$

$$\tilde{C}_{r,t} = (\kappa_c^{\frac{1}{v}} C_{r,t}^{\frac{v-1}{v}} + (1-\kappa_c)^{\frac{1}{v}} C_{Gt}^{\frac{v-1}{v}})^{\frac{v}{v-1}} \qquad (5-8)$$

假定退休人员家庭将全部收入用于消费，收入的来源为政府发放的社会保险收入。其所面临的约束为：

$$(1 + \tau_t^c)C_{r,t} = \text{Social}_t \qquad (5-9)$$

[①] 本书参考利珀（Leeper，2010）在 DSGE 框架中的税制设计思路，将税种归结为商品税（为避免与我国现行税制中的消费税混淆，将原文中的 consumption tax 翻译为商品税）、投资课税和劳动收入课税。

（三） 财政部门

政府的收入来自债券发行、劳动收入课税、商品税和投资课税，支出则用于政府消费、政府投资、转移支付、偿还债务和社保支出。我们将财政部门的预算平衡形式设定如下：

$$\frac{B_t}{P_t} + \tau_t^n w_t N_t + \tau_t^c C_t + [u_t r_t^k - \delta(u_t)]\tau_t^k K_{t-1}$$

$$= C_{G,t} + I_{G,t} + TR_t + \frac{R_{t-1}}{\pi_t}\frac{B_{t-1}}{P_{t-1}} + \text{Social}_t \tag{5-10}$$

$$K_{G,t} = (1-\delta_G)K_{G,t-1} + \left[1 - S_{G,t}\left(\frac{I_{G,t}}{I_{G,t-1}}\right)\right]I_{G,t} \tag{5-11}$$

$$S_{G,t} = \frac{\kappa}{2}\left[\frac{I_{G,t}}{I_{G,t-1}} - 1\right]^2 \tag{5-12}$$

$$Sb_t = \frac{b_t}{Y_t} \tag{5-13}$$

其中，式（5-11）为公共资本的积累方程，式（5-12）为公共投资的调整成本，δ_G 表示公共资本的折旧率，式（5-13）为 t 期负债率表达式。

（四） 财政政策规则

假设政府实行双政策目标规则，不仅要维持产出的自动稳定，同时还需防范债务风险，设定财政政策规则为：

$$\begin{bmatrix} \widehat{C_{G,t}} \\ \widehat{I_{G,t}} \\ \widehat{TR_t} \end{bmatrix} = \begin{bmatrix} -\phi_C & -\gamma_C \\ -\phi_I & -\gamma_I \\ -\phi_{TR} & -\gamma_{TR} \end{bmatrix} \begin{bmatrix} \widehat{Y_{t-1}} \\ \widehat{Sb_{t-1}} \end{bmatrix} \tag{5-14}$$

考虑到税收法定的固定性特征，假定政府不以税率锚定政策目标变量，同时假定其调整存在黏性。设定税收政策规则为：

$$\frac{\tau_t}{\tau} = \varphi_\tau^i \frac{\tau_{t-1}}{\tau} \cdot e^{shock_\tau^i},\ shock_\tau^i \sim (0, \sigma_i^2) \tag{5-15}$$

其中，$shock_\tau^i$ 表示减税冲击，i 分别表示为消费税 c、资本税 k 和劳动税 n 冲击。

第四节　参数校准与数值模拟

（一）　参数校准

本书基于现有文献和我国现行经济数据对模型的参数进行校准。我们将折现率 β 校准为 0.995。α 是私人资本的产出弹性，将其校准为 0.24。将公共资本产出弹性 κ_G 的校准值设定为 7.11。假设政府折旧率与私人资本折旧率 δ_0 相同，并校准为 0.025[①]。参考利珀（Leeper，2010）的估计将 δ_2 的校准值设定为 0.29[②]，参考施瓦茨穆勒（Schwarzmuller，2014）的估计将投资调整成本参数 κ 设定为 2.105、将 W_p 的校准值设定为 0.81，将 W_w 的校准值设定为 0.83[③]；将中间品的替代弹性 θ_p 设定为 2.06。将劳动

① 张佐敏. 中国存在财政规则吗？［J］. 管理世界，2014（05）：23-35，187.

② Leeper E M, Plante M, Traum N. Dynamics of Fiscal financing in the United States［J］. Journal of Econometrics, 2010, 156（2）：304-321.

③ Wolters M, SCHWARZMÜLLER, TIM. The Short-and Long-run Effects of Fiscal Consolidation in Dynamic General Equilibrium［J］. Verein für Socialpolitik / German Economic Association, 2014.

的替代弹性 θ_w 设定为 3，劳动力供给弹性的倒数 η 设定为 2.16；将货币政策调整参数校准值设定为 $\rho_R = 0.92$、$\gamma_\pi = 1.63$、$\gamma_y = 0.13$。将私人品和公共品消费的替代弹性 v 的校准值设定为 0.8。将私人物品消费在总消费中的比例 κ_c 设定为 0.8，即家庭消费取得效用中的 20% 来自公共品。通过计算政府消费和政府投资占 GDP 比重的均值，将 W_{GC} 的校准值设定为 0.152，将 W_{GI} 的校准值设定为 0.04。关于财政政策参数，为保证稳态求解，将 $\varphi_i (i = C, I, TR)$ 设定为 0.25。同时，将债务调节参数 $\gamma_i (i = C, I, TR)$ 校准为 0.125。本书关注的核心参数如下。

1. 在税率校准方面

国际上衡量实际税负的一般方法为有效税率法，其测度方法最早由门多萨（Mendoza）于 1994 年提出[①]。目前国内常见的衡量方式主要有两类：一类是在资金流量表基础上依据税种进行划分，对消费、劳动和资本有效税率进行测度；另一类则是完全基于资金流量表的国民收支数据进行测算。考虑到本书的研究目标为考察不同税种的宏观经济效应，以及探讨未来我国税制改革取向的针对性，故采取第一类测度方式。其中，商品税 $\tau_s^c = 0.216$，用间接税与城市维护建设税占最终消费比重反映；劳动收入课税 $\tau_s^n = 0.123$，以劳动要素征税收入[②]与收入法 GDP 中劳动者报酬的比值衡量；投资课税 $\tau_s^k = 0.099$ 以资本要素征税收入[③]与收入法 GDP 中营业盈余和固定资产折旧之和的比值作为测算依据。

---

① G. E M, Assaf R, L. L T. Effective Tax Rates in macroeconomics：Cross – country Estimates of Tax Rates on Factor Incomes and Consumption ［J］. Journal of Monetary Economics，1994，34（3）.

② 包括个人所得税中工资薪金、稿酬所得、劳务报酬、个体工商户经营所得中的劳动所得（以社会平均工资水平为标准估计），烟叶税以及社会保险费。

③ 包括企业所得税、财产与行为税、资源税类、环境保护税、耕地占用税、土地增值税以及个人所得税中个体工商户的资本所得。

2. 在劳动力供给方面

根据联合国人居署数据显示，新中国成立以来，我国老龄化水平最低年份为1965年，60岁以上老龄化水平为6%；而根据预测，在中速老龄化进展情景下（生育率和死亡率由贝叶斯分模型得出，并假定国际迁徙率保持不变），我国2050年老龄化水平为34.61%，此时老龄人口达到峰值，但老龄化水平仍持续上升，2100年约为37.82%。为模拟人口老龄化过程，将年轻劳动力占全部人口比例 ϕ 设定为 0.435~0.665 区间，基准回归校准为 0.65[①]。为方便起见，我们将参数的校准值汇总于表 5-1。

表5-1　　　　　　　　　　　参数校准值

参数	参数含义	参数取值
β	主观折现率	0.995
α	私人资本的产出弹性	0.24
κ_G	公共资本的产出弹性	7.11
δ_0	折旧	0.025
δ_2	二次项系数	0.29
κ	投资调整成本	2.015
W_p	不调整价格的概率	0.81
W_w	不调整工资的概率	0.83
θ_p	中间品替代弹性	2.06
θ_w	劳动力替代弹性	3
η	劳动力供给弹性的倒数	2.16
v	私人品与公共品消费的替代弹性	0.8
κ_c	私人品消费占比	0.8

---

① 2020年劳动供给水平，数据来源：联合国人居署 https：//www. un. org/development/desa/zh/about/desa-divisions/population. html.

续表

参数	参数含义	参数取值
ρ_R	货币平滑参数	0.92
γ_π	通胀调节参数	1.63
γ_y	产出平滑参数	0.13
τ_s^c	商品税税率	0.216
τ_s^n	劳动收入课税率	0.123
τ_s^k	投资课税率	0.099
W_{GC}	政府消费占比	0.152
W_{GI}	政府投资占比	0.04
Sbs	负债率的稳态值	0.6
ρ_Z	全要素冲击参数	0.9
$\varphi_i(i = C, I, TR)$	产出调整参数	0.25
$\gamma_i(i = C, I, TR)$	负债率调整参数	0.125
φ	年轻人口比例	$[0.435, 0.665]$

（二） 不同税种的减税降费脉冲响应分析

1. 商品税减税

对比不同税种减税降费的宏观效果（见图 5-1），商品税减税所产生的经济刺激效果最为明显，产出水平上升约 0.14%，但刺激效果随后快速下降，呈现"L"形走势。从传导机制看，其主要原因在于商品税减税增加了家庭对消费品的可支配收入，提升了购买需求；但这一政策同时也影响了家庭的稳态"消费—储蓄"水平，使劳动供给增加和储蓄意愿下降。虽然工资价格在黏性机制下提升了企业的利润空间，但这种效应被资本成本的上升所抵消，总体而言企业的要素边际成本上升。在上述机制的影响下，通胀水平上升，并且在泰勒规则的货币政策约束下，市场利率上升，并引起对政府债务的较大幅度上升。

2. 劳动收入课税减税

虽然劳动收入课税减税对经济的刺激效果弱于商品税减税，产出水平上升约0.06%，但持续性更强。通过劳动收入课税减税，一方面，带动了劳动供给的增加，降低了企业的要素价格和通胀水平；另一方面，虽然家庭部门的工资出现下降，但劳动供给的增加仍然使家庭部门的收入增长为正，提高了消费需求水平；与此同时，在较高的储蓄倾向结构下，投资上升，社会资本存量上升。

3. 投资课税减税

投资课税税率的降低，提升了家庭的储蓄动机，使市场利率下降，但这一作用机制降低改变了家庭的跨期消费决策，对家庭部门的消费在短期内产生较强的抑制作用，对产出形成负向冲击。随着投资带动资本水平的增加，经济产出在第二期开始出现增长，并在第8期政策效果达到最大。

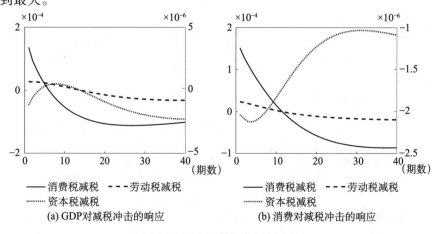

图 5-1　减税降费冲击的影响

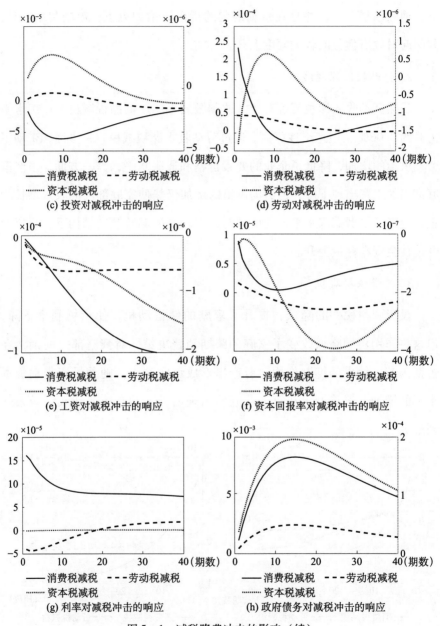

(c) 投资对减税冲击的响应

(d) 劳动对减税冲击的响应

(e) 工资对减税冲击的响应

(f) 资本回报率对减税冲击的响应

(g) 利率对减税冲击的响应

(h) 政府债务对减税冲击的响应

图 5-1　减税降费冲击的影响（续）

注：资本税的冲击结果标识为图片中坐标右轴。

（三）　不同老龄化阶段减税降费的异质性分析

"十四五"时期我国加快构建新发展格局，需准确把握当前的新发展阶段，对未来减税降费的政策制定而言，亦不例外。从图5－2中可以看出，中长期内，我国的劳动要素供给形势较为严峻；同时，人口老龄化所带来的人口转型压力也是最易被低估的问题。当前我国的人口特征突出表

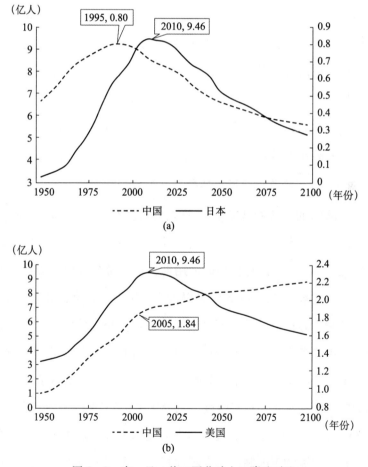

图5－2　中、日、美三国劳动人口降速对比

现为，老龄人口基数大、高龄化趋势加剧和养老储备不足。日益严重的人口老龄化可能产生的经济负面效应引起了学界的高度关注，"十四五"规划和 2035 年远景目标纲要也提出"实施积极应对人口老龄化国家战略"的要求。为此本书就人口老龄化在中长期内对减税降费政策有效性的影响作进一步分析。

亚当·斯密和马克思的传统理论均认同，经济生成于非经济过程和制度之中，但具有自主独立性，因此对经济施加干预受诸多因素影响，其政策有效性具有时变特征。就人口结构转型对经济政策的影响而言，学者认为人口老龄化对经济的影响主要通过劳动力供给、"消费—储蓄"替代、人力资本积累等机制实现。此外，在技术创新、第三产业和保险需求等方面的影响机制问题研究也在逐渐深入。随着对人口老龄化影响认识的深入，有学者提出老龄化会通过消费、储蓄、投资和税收等路径，大幅减少宏观调控政策潜在效果。

1. 不同老龄化阶段对经济长期稳态的影响分析

从家庭部门的最优决策看，随着人口老龄化程度的加深，家庭在收入、消费以及决策等方面均存在一定差异性，并进而影响到一国经济的长期发展路径。本书首先进行模型的适用性分析，考察人口老龄化对经济变量的长期影响效果。从图 5-3 中可以看出，随着人口老龄化程度的加深，总产出、消费、总投资以及资本存量等核心经济变量呈现下降态势。其中当经济社会中老龄人口占比由 18% 提升至 35% 时，全社会劳动参与率水平下降约 0.1%，但由于劳动者工作强度上升约 0.25%，抵消了部分劳动力减少的影响。消费水平与投资强度，则分别由 0.235 与 0.029 下降至 0.224 与 0.0275。这一方面反映出，在人口老龄化水平加深过程中，社会有效劳动数量受自然禀赋约束限制，具有刚性特征，经济体系难以通过工资机制对产出"缺口"进行弥补。另一方面反映出，由于社会收入水平与企业盈利能力的下降，在需求端表现为消费与投资需求的不足，这与现实中老龄化国家通常具有的低自然利率状态和低通胀状态具有一致性。而两者的共同作用推动产出水平的下降，在仿真模拟中，产出水平下降约 0.0015。

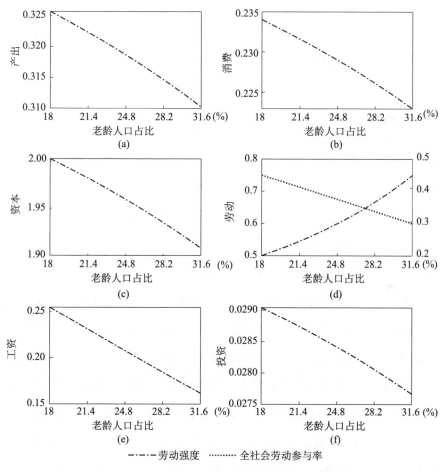

图 5 - 3　人口老龄化对宏观经济与财政平衡的影响

此外，从政府财政平衡情况来看，由于产出水平的下降导致财政收支平衡被打破，财政收入伴随产出增速放缓而下降；与此同时，在现收现付制的养老金模式下，当年轻人的养老金不足以覆盖老龄人口的福利发放时，显性或有债务被确认，政府"被迫"通过财政支出对缺口进行补足。

这种因人口老龄化问题而形成的财政收支矛盾，在降低预算灵活性的同时具有长周期特性，财政难以通过自身工具进行有效干预，因此容易诱发债务膨胀与赤字化动机，并引发新一轮经济负向反馈，提升财政风险水平。在模拟状态中，人口老龄化引发的税收收入下降约 0.001，债务水平上升 0.0024。这一结论与 OECD 国家人口老龄化与主权债务风险水平关联性的经验事实吻合①，这也进一步佐证了模型的适用性。

2. 老龄化异质性背景减税降费的脉冲响应分析

人口老龄化在对宏观经济产生不利影响的同时，在政府财政与货币政策实施的有效性方面也产生了诸多实质性影响。为进一步研究人口老龄化进程中，由于劳动人口结构变化，所引致的减税政策对经济传导机制与有效性的变化，本书以人口老龄化程度为变化参数，模拟分析经济对税收冲击响应的动态迁徙路径，假定年轻社会老龄化水平为 6%，中等老龄化社会为 18.1%，深度老龄化社会为 34.61%。

（1）商品税减税冲击。图 5 - 4 显示的是社会不同老龄化条件下，商品税减税对各宏观经济变量在 40 期内产生的动态影响。可以看出，深度老龄化阶段下，商品税减税对经济的刺激效果更弱。根据上面的机制分析，可以观察到，一方面，由于老龄人口的消费意愿更弱，而储蓄动机更强，因减税所带来的商品价格下降"好处"在转化为家庭实际购买需求时会出现"漏出"。另一方面，由于消费需求上升所带来的劳动力供给提升主要来自劳动强度的提高，在工资黏性机制下，对企业边际成本的改善更弱，最终在上述作用下经济的波动幅度要小于年轻社会情景。此外，由于在深度老龄化社会中，市场利率触及零利率水平的概率增大，且往往具有低频

---

① 黄晓薇，黄亦炫，郭敏. 老龄化冲击下的主权债务风险 [J]. 世界经济，2017，40 (03)：3 - 25.

窄幅波动的情况，同样使利率的反映幅度要小于年轻社会水平。

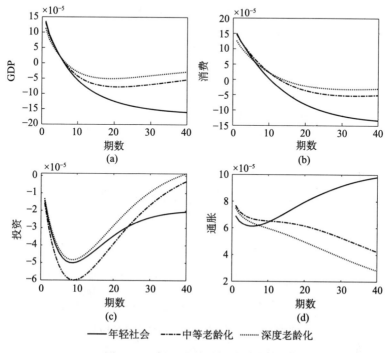

图 5 - 4　商品税减税冲击政策效果

资料来源：模型仿真模拟结果。

（2）劳动收入课税减税的脉冲响应分析。图 5 - 5 显示的是社会不同老龄化条件下，劳动收入课税减税对各宏观经济变量在 40 期内产生的动态影响。对比年轻社会，老龄社会中受劳动人口资源禀赋所限，劳动力供给弹性较小，相同规模减税情景下，老龄社会的劳动供给变化反应更小，工资价格的刚性程度更高，对产出的影响效果更弱。同时在老龄社会中，由于资本效用的提升低于年轻社会水平，使社会投资水平的反应程度更低。上述机制均使劳动收入课税减税的效果由于老龄化的提高而被削弱。

（3）投资课税减税冲击。图 5 - 6 显示的是社会不同老龄化条件下，

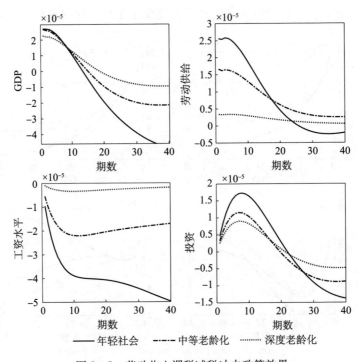

图 5-5 劳动收入课税减税冲击政策效果

资料来源：模型仿真模拟结果。

投资课税减税对各宏观经济变量在 40 期内产生的动态影响。在老龄社会中，减税冲击对家庭部门的收入边际效用提升有限，这使其投资意愿弱于年轻社会，但在"现收现付"制的养老保险体系下[①]，老年人的福利水平被政府的补贴支出"锁定"，其消费支出能够在一定程度上抵消减税对消费的"挤出"效果，相对于年轻社会，反而对经济的刺激效果更明显。这一政策结论，与诸多 OECD 国家在步入老龄化社会后，通过降低企业所得税的方式进行大规模减税的政策取向不谋而合，如美国特朗普时期的企业所得税减税和日本自 2015 年以来实施的阶段性降低法人税政策等。

---

① 这一点与现实中 OECD 国家大多采取以第三支柱个人养老金为主导的累积制养老保险政策制度不同。

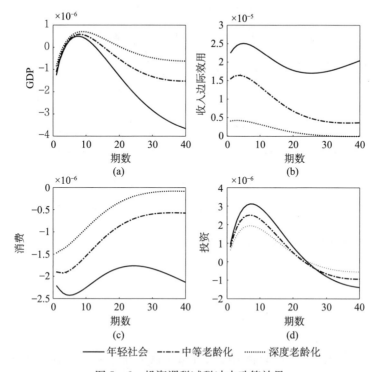

图 5-6　投资课税减税冲击政策效果

资料来源：模型仿真模拟结果。

第五节　结论与对策建议

近年来，围绕高质量发展，我国实施了以减税降费为主导的税收政策。为精准衡量当前政策的有效性，对"十四五"时期和 2035 年远景发展阶段的政策制定提供指引，本书通过构建一个包含我国税制结构和人口结构的新凯恩斯动态随机一般均衡模型，考察当前减税降费政策的传导机制和经济效果。研究发现，当前我国减税降费政策实施中，商品税减税政策效果最佳，其次为对劳动收入课税的减税政策，再次为对投资课税的减税政策。其效果差异主要源于减税政策所引发要素价格变动形成的投资涌潮，以及对家庭部门产生的财富效应。从中长期来看，随着劳动供给结构的转型，人口老龄化程度不断加深，多数税收政策调控的正面效果被削弱。而产生这种现象的主要影响因素是，老年人的消费需求较低、劳动供给空间有限和财政平衡政策约束下年轻人的支出能力被削弱，但在一定条件下，投资课税减税或能够起到更强的产出刺激效果。

本书的研究结论针对我国减税降费政策具有以下启示意义。

1. 对经济逆周期的减税工具选择

（1）减税降费政策的制定，需充分考量不同税种的经济效应以及政策工具间的协调，尤其是减税对于要素价格的扰动，需货币政策的充分配合以实现最大效果。

（2）减税降费政策的制定应具有独立自主性，主要依据当前环境下不同税种的政策有效性而确定，避免对国际减税思潮的简单跟随。

（3）应警惕减税政策所引发的政府债务阶段性上升现象，以及由此所引发的政府财政政策空间收窄问题。

2. 对供给侧结构性改革的税制结构调整

我国减税降费政策在中长期内的实施路径，应意识到税收政策有效性的时变特征，尤其是人口老龄化对政策效果的影响。一方面，用足用好当前经济发展阶段的政策"红利"效应，另一方面，须未雨绸缪，加快税制结构调整，为2035年远景发展阶段的政策实施预留空间。具体而言，在"稳定宏观税负"和"有序退出阶段性减税降费"的政策要求下，逐步由普惠性减税降费向精准的结构性减税降费方向调整，坚持提高直接税和降低间接税比重的总体改革方向。

（1）降低间接税比重。简化降低增值税，推动增值税税率精减，将现有9%税率降至6%，减少差别税率的扭曲效应，降低制造业成本和商品价格，更好发挥商品税的经济刺激作用。推动消费税征收环节适当下移，减少生产和消费环节税收。

（2）优化个人所得税征收。改革个人所得税，加快为推进税负公平而实施综合计征改革，实施以家庭作为纳税申报单位，增加专项附加扣除项目；扩大对资本所得课税，适度提高资本所得的总体税负水平。在税制设计上，对税率级距的设置应保有较高比率的纳税群体，维持适度最高税率，为深度老龄社会阶段的税收政策留足空间与弹性。

（3）稳步提高财产税比重。梳理和规范存量税收政策，解决优惠政策的碎片化、区域化问题，避免地区招商引资的"内卷"现象，压减优惠规模；实行税式支出预算管理，将企业所得税的优惠政策主要集中于高新技术行业和产业链供应链关键节点企业。稳步推动房地产税立法，在充分考虑到公众预期效应和宏观杠杆率影响的前提下择时试点进行。

3. 支持积极应对人口老龄化战略

为提升未来经济发展韧性和政策的有效性，当前减税降费政策应加大对积极应对人口老龄化战略的支持力度。

（1）构建支持养老产业发展的税收支持体系。广义养老产业的产业关联网络庞杂，涉及多个行业业态，因此需要加快形成多层次、多模块的税收实施框架和政策工具箱。当前减税降费的重点应向第三支柱养老金、社区嵌入式照护机构行业、养老服务型企业、以"物联网＋"为特征的适老化产品与医疗器械研发4个行业领域倾斜。

（2）多渠道提高人口生育率水平，如个人所得税中，扩大对家庭生育和养育的专项附加扣除项目及力度；拟开征的房地产税中，增加对家庭生育的激励设计；降低家庭育儿用品的增值税税率等。

（3）加大对提升要素贡献产业的减税降费力度。支持重点布局于科技型中小企业发展、产业数字化和数字产业化、生产性服务业的专业化和高端化等领域。

第三篇　养老保险制度可持续研究

第六章　人口老龄化背景下养老保险制度可持续性研究

第一节　引言

人口老龄化已成为我国社会不可逆的常态，我国人口老龄化形势严峻，突出表现为老龄人口基数大，高龄化趋势加剧和养老储备不足等问题。

因此，日益严重的人口老龄化可能产生的经济增长负面效应与社会保障压力引起了学界的忧虑与政府的高度关注[①]。从影响路径看，人口老龄

---

① 蔡昉，都阳，王美艳. 人口转变新阶段与人力资本形成特点［J］. 中国人口科学，2001（02）；刘永平，陆铭. 放松计划生育政策将如何影响经济增长——基于家庭养老视角的理论分析［J］. 经济学（季刊），2008（07）；吴玉韶，王莉莉，孔伟，等. 中国养老机构发展研究［J］. 老龄科学研究，2015（08）；董克用，张栋，等. 高峰还是高原？——中国人口老龄化形态及其对养老金体系影响的再思考［J］. 人口与经济，2017（04）；郑秉文，董克用，赵耀辉，等. 养老金改革的前景，挑战与对策［J］. 国际经济评论，2021（04）.

化产生的养老金压力主要源于账户平衡、财政保障支出能力和通货膨胀等几个方面①。具体来看，一是在老龄化背景下，劳动人口下降和老龄人口的上升，一方面导致缴费人口数量不断降低，使养老金收入下降；另一方面由于劳动要素对产出的贡献下降同样会导致养老金累积水平的放缓，最终出现养老金账户的平衡能力不足。二是由于养老金转轨过程中的空账问题以及养老金并轨所产生的政府隐性兜底责任，在社会人口老龄化程度加深背景下，对政府财政保障能力提出考验②。三是在现收现付的养老金体系下，由于受投资管理体制和统筹层级约束，显性结余的增值能力不及通胀，而这一趋势往往会随着老龄化社会的通胀特性而越发显著，继而对养老金的平衡能力形成挑战。可持续的养老金体系是实现共同富裕的重要保障，养老金制度可持续与社会稳定结构高度关联③。因此，如何在社会人口老龄化进程中寻求实现养老金可持续的改革方案，成为未来我国迈向高质量发展的重要路径。

近年来，国内外文献中有关人口老龄化与养老金改革的研究大量涌现。其中，与本书研究内容相关的领域主要有：一是人口老龄化对养老金平衡影响机制的分析；二是为了应对人口老龄化各国所实施的养老金改革方案与有效性的讨论。对于前者，从多数国家的养老金制度实践可以发现，人口老龄化水平的提升降低了现收现付制养老金制度的可持续能力，从而使政府面临严重的财政负担④。这一方面来源于制度的精算平衡能力下降，另一方面则与经济衰退所引致的缴纳能力不足有关。西谱里亚尼（Cipriani）通过生育率内生化研究认为，预期寿命的延长会使生育率水平

---

① 杨长汉. 中国养老金：隐性缺口与显性结余 [J]. 地方财政研究，2018 (05).

② 高珂，马海涛. 经济动能转换背景下的财政政策研究 [J]. 地方财政研究，2019 (09).

③ 张静，高珂，路文成. 人力资本积累、创新与经济增长 [J]. 东岳论丛，2020 (11).

④ Wingenbach R，Kim J M，Jung H，et al. Living Longer in High Longevity Risk, Journal of Demographic Economics，2020，86 (1)：47 –86.

下降①，而未来社会抚养比的降低，无疑将增加社会养老金的支付压力②。但预期寿命的延长提高了家庭人力资本投入，从而有助于社会产出水平提高，即出现所谓"积极的代际外部性"。与此同时，少子化趋势降低了资本稀释，提高了人均资本存量水平，从而在一定程度上削弱了对养老金可持续的负面影响③。此外，刘穷志与何奇的研究发现，人口老龄化对经济的影响具有非线性关系，这主要源于预期寿命的延长与生育率下降会形成短暂的人口红利"窗口期"，资本对劳动的替代过程中形成资本创造，继而提高产出水平与养老金的缴纳能力④。

为了消除人口老龄化对养老金可持续产生的不良影响，许多发达国家进行了包括参数调整和制度性转轨在内的多种养老金改革。其中，前者是指在既有的制度体系下通过延长退休年龄、降低替代率、提高缴费率等方式提高养老金的可持续性⑤。比如，安德森（Andersen）认为，延长退休年龄可以提高工人参与劳动的意愿，将对就业率产生积极的影响⑥。张熠和张书博认为，在人力资本提高充分的情况下，维持现收现付养老金制度，实施参数改革是更为有效地实现代际公平方式⑦。杨再贵、张迎斌、柳如眉、严成樑等均从不同的研究视角，对我国实施养老金参数改革的合

① Cipriani G, Pascucci F. Pension Policies in a Model with Endogenous Fertility, Social Science Electronic Publishing, 2020, 19 (1): 109 – 125.

② Alders P, Broer D P. Ageing, Fertility, and Growth, Journal of Public Economics, 2005, 89 (5 – 6): 1075 – 1095.

③ Heijdra B J, Reijnders L. Human Capital Accumulation and the Macroeconomy in an Ageing Society, De Economist, 2016, 164 (3): 297 – 334.

④ 刘穷志，何奇. 人口老龄化、经济增长与财政政策 [J]. 经济学（季刊），2013 (01).

⑤ D Mccarthy. Reimagining Pensions: The Next 40 Years, Journal of Pension Economics and Finance, 2017, 16 (4): 592.

⑥ Andersen A G, Markussen S, Red K. Pension Reform and the Efficiency-equity Trade-off: Impacts of Removing an Early Retirement Subsidy, Labour Economics, 2021, 47 (5): 23 – 47.

⑦ 张熠，张书博，汪润泉. 中国养老金改革的逻辑和福利效果：基于人口"数量—质量"转换的视角 [J]. 经济研究，2020 (08).

意性进行仿真模拟或精算平衡测试①。

后者则主要指养老金账户模式的变革，一是对养老保险账户模式的选择，如申曙光、郑秉文等对现收现付、部分累积和完全累积制账户模式的比较分析②。二是对于多支柱养老金改革的探讨，随着人口老龄化率先在西欧等早期资本主义发达国家的普遍出现，经济增速的持续下滑使多数国家均已认识到建立三支柱养老金的重要性，20 世纪 90 年代初期，个人养老金制度率先在丹麦、爱尔兰、英国、荷兰、瑞典等西欧国家得以确立。随后，世界银行以研究报告的形式正式提出"三支柱"养老金制度理念。截至 2017 年，在 OECD 国家中有超过 85% 的国家已建立第三支柱个人养老金制度，多数都取得了显著成效③。

国内学者中，郑秉文对第三支柱个人养老金制度改革进行系统介绍④，《养老金金融发展报告（2019）》等就国际第三支柱个人养老金改革的现状与历程进行了系统的梳理。在第三支柱个人养老金发展方面，董克用等均认为，发展个人养老金业务是解决我国养老金问题的核心抓手⑤；但孙祁

---

① 杨再贵. 不定寿命条件下城镇公共养老金最优替代率的理论与实证研究［J］. 管理评论，2011（02）；张迎斌，刘志新，柏满迎，等. 我国社会基本养老保险的均衡体系与最优替代率研究——基于跨期迭代模型的实证分析［J］. 金融研究，2013（01）；柳如眉，柳清瑞. 城乡收入增长，养老金与生育水平——基于扩展 OLG 模型的实证检验［J］. 人口与发展，2020（03）；严成樑，等. 延迟退休，财政支出结构调整与养老金替代率［J］. 金融研究，2017（09）.

② 申曙光，孟醒. 社会养老保险模式：名义账户制与部分积累制［J］. 行政管理改革，2014（10）. 郑秉文，吴孝芹. 中国养老金税式支出测算及其结果评估［J］. 中国人口科学，2020（01）.

③ Conde‐RuizJ I，CI González. From Bismarck to Beveridge：The Other Pension Reform in Spain，Social Science Electronic Publishing，Vol. 7，No. 4，2016，pp. 461‐490；Olivera J.. Welfare，Inequality and Financial Consequences of a Multi-pillar Pension System. A Reform in Peru，Working Papers，2010；Antolin P，Payet S，Yermo J. Coverage of Private Pension Systems，Social Protection Discussion Papers，2012，2（3）：89‐118.

④ 郑秉文. 养老保险"名义账户"制的制度渊源与理论基础［J］. 经济研究，2003（04）.

⑤ 董克用，王振振，张栋. 中国人口老龄化与养老体系建设［J］. 经济社会体制比较，2020（01）.

祥等指出，政府在社会保障责任定位中存在自我强化的问题①，郑秉文、董克用指出，中国养老保险缴费过高、缺乏税收优惠等因素是制约个人商业养老保险发展的重要因素②。

从上述文献可以发现，当前对于我国养老金改革的讨论中，一是就不同维度的改革方案对比缺乏系统性的研究；二是对于第三支柱个人养老金的改革效果，缺乏模拟量化评估。基于此，本书通过构建一个包含 OLG（overlapping generations）结构的可计算一般均衡模型，结合联合国人居署对中国人口年龄结构预测变化和我国的投入产出数据，动态仿真不同养老金改革方案对制度可持续的有效性。同已有研究相比，本书的边际贡献主要体现在以下两个方面。

（1）在研究视角和内容方面，基于当前我国的养老金制度改革取向进行针对性的对照仿真分析，同时，考虑到经济变量的系统内生性，采用一般均衡的分析范式，从而克服了养老金制度外生变量的迁徙影响；在模型设定方面，构建养老保险部门，并将人口年龄结构嵌入动态 CGE 模型，从而能够更为准确刻画人口结构迁徙对养老政策有效性的影响。

（2）模型通过对延迟退休、降低养老金替代水平、提高财政补贴水平和提高个人养老金规模等养老金改革政策进行仿真模拟，发现提高个人养老金规模是实现社会养老保险可持续的有效路径，本书基于上述研究结论，重点对推动我国第三支柱个人养老金发展提出相关对策建议。

---

① 林山君，孙祁祥. 人口老龄化、现收现付制与中等收入陷阱［J］. 金融研究，2015（06）.

② 董克用. 建立中国特色第三支柱个人养老金制度研究［J］. 养老金融评论，2019（01）.

第二节　养老金发展与体制改革现状

　　我国的养老金制度改革，在政策实验的基础上以渐进式变革的路径方式稳步推进。整个养老金制度从制度探索时期的社会化发展模式逐步走向多元治理框架模式，当前已经初步建立起多层次、全覆盖、可持续的社会养老保险体系。对我国养老金改革历程的梳理，本书按照养老金三支柱体系分别进行概述与评价。

（一）　第一支柱公共养老金

　　我国的第一支柱基本养老制度的正式确立可以追溯至 1991 年，国务院颁布《关于企业职工养老保险制度改革的决定》，提出建立由国家、企业和个人三方共担费用的基本养老保险、企业补充养老保险和个人储蓄养老保险相结合的多层次养老保险制度[①]。当前我国第一支柱基本养老保险由城镇职工基本养老保险和城乡居民养老保险构成。截至 2021 年底，基本养老保险参保人数为 102 871 万人，账户累计结余 63 970 亿元[②]。从结构变化的历史来看，当前的城乡居民养老保险由 2014 年之前的城镇居民养老保险和新型农村合作养老保险合并而来；而当前的城镇职工基本养老保险则

[①]　成志刚，文敏. 新中国成立 70 周年养老金制度的历史演变与发展图景 [J]. 湘潭大学学报，2019 (05).

[②]　人力资源和社会保障部. 2021 年度人力资源和社会保障事业发展统计公报 [EB/OL]. http://www.gov.cn/xinwen/2022－06/07/content_5694419.htm，2022 年 6 月 7 日。

在 2015 年将机关事业单位养老金纳入统筹范围，从而在制度上缓解了养老福利供给不平衡不充分的问题。

具体来看，在第一支柱基本养老保险中，城镇职工基本养老保险自 1997 年起，开始实行社会统筹和个人账户相结合的账户制度[①]，此后的城镇职工基本养老保险改革以扩大覆盖范围、提高统筹层次、提高养老保险的可持续等为主要目标。

（1）在扩大覆盖范围方面。2000 年，国务院出台的《关于完善城镇社会保障体系的试点方案》提出将灵活就业人员和个体工商户纳入企业养老保险制度范围；2006 年提出探索解决农民工养老保险的管理办法。

（2）在统筹层级提高方面。2007 年新《中华人民共和国劳动合同法》和《企业职工基本养老保险省级统筹标准》的颁布实施，对企业职工基本养老保险在缴费比例、缴费基数、待遇标准和基金调度等方面进行了统一，实现了企业职工基本养老保险制度的省级统筹。2009 年，国务院颁布《城镇企业职工基本养老保险关系转移接续暂行办法的通知》，对养老保险的跨省接续作出了明确的规定，在一定程度上解决了制度碎片化的问题。2010 年，《中华人民共和国社会保险法》实施，进一步提出了社保基金全国统筹的目标。

（3）在提高养老保险的可持续性方面。1999 年上调企业缴纳基本养老金比例，规定不低于企业工资总额的 13%；2000 年实行分账管理，同时将个人账户规模由 11% 下调至 8%。

机关事业单位的改革受到的阻力较大，进展相对缓慢。1993 年，《国务院关于机关和事业单位工作人员工资制度改革问题的通知》规定了离退休人员继续沿用国家负担的政策制度，继而产生了养老金制度"双轨制"

---

① 国务院《关于建立统一的企业职工基本养老保险制度的决定》，国发［1997］26 号，1997 年 7 月 16 日。

的问题。实质性的改革直到 2015 年才正式启动，国务院出台《关于机关事业单位工作人员养老保险制度改革的决定》，至此机关事业单位的养老保险并入城镇居民养老保险之中。

农村社会养老保险制度的探索最早源自 1992 年，民政部出台的《县级农村社会养老保险基本方案（试行）》中，提出了探索建立"以个人缴费为主，集体补助为辅，国家给予政策扶持"的农村养老保险制度，这一保险制度又被称为"老农保"，到 1997 年底参保居民达到 8 288 万人，累积基金近 140 亿元①。但受 1997 年东南亚金融危机和养老保险缴费比例下调的影响，部分省份的"老农保"面临可持续性不足的问题，并最终转化为商业型保险，政策改革以失败而告终。直到 2009 年，国务院出台《关于开展新型农村社会养老保险试点的指导意见》，建立了统账结合的"新农保"，除了区别于"老农保"的个人账户模式，"新农保"还对政府的补贴责任作出明确规定，这一制度于 2012 年基本实现全覆盖。

城镇居民养老保险制度（以下简称"城居保"）的建立时间最晚，这一制度主要是为了解决城镇职工与农村居民未能覆盖的城镇居民养老问题。其构建也基本参照新农保的制度模式，到 2012 年，"城居保"由试点转向全面开展，这使我国的城乡基本养老保险进入全覆盖的时代。2014 年，国务院出台《关于建立统一的城乡居民基本养老保险制度的意见》，意见中提出将"新农保"与"城居保"两项养老保险制度进行合并，自此统一为城乡居民养老保险。

（二） 第二支柱公共养老金

第二支柱公共养老金在我国主要由企业年金和职业年金构成，其中在

---

① 安增龙. 中国农村社会养老保险制度研究［M］，北京：中国农业出版社，2006：98.

企业年金方面，"十三五"规划提出到2020年基本形成"多支柱、全覆盖、更加公平、更加可持续的社会保障体系"。为了进一步推动与探索多支柱的老龄事业发展和养老体系建设，人社部和财政部于2017年联合下发《企业年金办法》，对企业年金的制度框架予以调整，其中降低了企业缴费总额和总缴费的上限，并对包括资金筹集、账户管理、资金运营和资金支付等内容进行了全面的规范。截至2018年底，企业年金累计余额14 770亿元，全国建立企业年金的企业数量约8.74万户，覆盖参与职工总数2 388万人；从时间序列的发展增速情况看，目前已进入稳定发展阶段。

我国职业年金的建立于2015年，其制度内容体现在《国务院办公厅关于印发机关事业单位职业年金办法的通知》中，该文件明确提出国家机关事业单位可基于基本养老保险建立职业年金。其成立的主要目的在于解决机关事业单位养老保险并入城镇职工养老保险后原有待遇下降的问题。职业年金规定个人部分按本人工资的4%、单位部分按本单位工资总额的8%共同缴纳；同样实行个人账户与统筹账户分开管理，其中，个人缴费纳入个人账户，单位缴费和基金投资收益纳入职业年金统筹账户；年金收益在退休后按月领取[①]。2018年，人社部与财政部联合下发《关于规范职业年金基金管理运营有关问题的通知》，就职业年金的备案程序、管理人评选、账户归集、资金托管、基金支出和投管人激励等内容作出明确的规定，为职业年金的资金安全与市场化管理奠定基础。截至2020年4月，包括中直机关和省级政府在内的政府主体已相继出台职业年金实施办法，并完成投管人的评选工作。

---

① 成志刚，文敏. 新中国成立70周年养老金制度的历史演变与发展图景［J］. 湘潭大学学报，2019（05）.

（三） 第三支柱公共养老金

对于我国第三支柱公共养老金建设的实质启动政策文件，来自 2018 年 4 月财政部等五部门联合发布的《关于开展个人税收递延型商业养老保险试点的通知》（以下简称《通知》）。《通知》提出自 2018 年 5 月 1 日起，在上海市、福建省（含厦门市）和苏州工业园实施个人税收递延型商业养老保险，试点内容包括适用对象及税收优惠标准、商业养老金账户和信息平台、税收征管方式、商业养老保险产品及管理等内容。从《通知》的具体内容来看，当前我国税收递延型商业养老保险采用 EET 的征税模式①，对于取得工资薪金、连续性劳务报酬的所得的个人，扣除限额为当月工资薪金、连续性劳务报酬的 6% 和 1 000 元孰低的办法确定；对于个体工商户业主、个人独资投资者、合伙企业自然人和承包承租经营者，按照当年应税收入的 6% 和 12 000 元孰低确定。在个人账户方面，纳税人指定用于归集个人养老金产品的商业银行专户，并进行缴费、收益分配和资金领取等业务活动，该账户具有唯一性，与居民身份证绑定，并在中保信平台登记。在个人养老金产品设计方面，由保险公司开发，以稳健型产品为主，风险型产品为辅的原则进行。《通知》同时也提出，在试点结束后，将根据试点结果，有序扩大参与的金融机构与金融产品，将公募基金等产品纳入个人商业银行的账户投资范围。截至 2019 年 6 月底，共计 23 家保险公司获得个人税收递延型商业养老保险的开发资格，66 款产品获准销售。

如前面所述，从严格意义上来说，当前我国养老目标基金由于并未纳入个人账户管理产品范围，不享受税收递延政策，不属于第三支柱养老金产品范围，但考虑到《通知》中对试点结束后产品扩围方向的相关规定，

---

① 在缴费和投资阶段免缴个人所得税，在给付阶段征税。

以及美国等第三支柱养老金改革国家中个人养老金覆盖的产品类型，应将养老目标基金的发展历程也纳入个人养老金第三支柱的介绍范围。我国养老目标基金发展的纲领性文件是 2018 年 3 月证监会发布的《养老目标证券投资基金指引（试行）》（以下简称《指引》）。《指引》从产品类型、投资策略、投资比例和运作方式、基金管理人及基金经理要求、适当性安排等方面对养老目标基金进行了详细的安排。其中规定养老目标基金以追求养老资产的长期稳健增值为目的，以 FOF[①] 的形式进行资金运作；其投资子基金要求运作期限不少于 2 年，并且最近 2 年平均季末基金净资产不低于 2 亿元；投资策略以目标日期和目标风险策略为主；基金运作方式采取定期开放或者设置最短持有时间两种形式，其中封闭期、最短持有时间不少于 1 年，基金投资于股票、股票型基金、混合型基金和商品基金的比例越高，投资者所需的持有时间越久。随着《指引》的出台，包括华夏基金、易方达、工银瑞信等多只养老目标基金先后获批，华夏养老 2040 于 2018 年 8 月最先公开发售。截至 2019 年底，共有 37 家公司、59 只养老目标基金获批，其中养老目标日期型产品占比约 60%，养老目标风险基金占比约 40%。

第三节　CGE 模型构建

（一）　CGE 模型的构建

为考察人口老龄化对经济系统产生的冲击，以及由此而引发的养老金

---

① 基金中的基金，fund of fund。

可持续性变化，本书构建了一个包含 42 个行业的可计算一般均衡模型，其经济模块主要包括生产交易、经济主体、养老金、市场均衡与宏观闭合等几大模块。基于此分析框架，进一步对不同养老金改革方案进行对比仿真分析。

1. 总产出

假设总产出函数为 CES 形式，部门 a 的产出由中间投入 $QINTA_a$ 和增值投入 QVA_a 两部分构成；产品价值也由中间投入品 $PINTA_a$ 与增值投入价值 PVA_a 之和构成。由成本最小化条件可得：

$$QA_a = a_a^q \left[\delta_a^q QVA_a^{\rho_a} + (1 - \delta_a^q) QINTA_a^{\rho_a} \right]^{\frac{1}{\rho_a}} \tag{6-1}$$

$$PA_a \cdot QA_a = PVA_a \cdot QVA_a + PINTA_a \cdot QINTA_a \tag{6-2}$$

$$\frac{PVA_a}{PINTA_a} = \frac{\delta_a^q}{1 - \delta_a^q} \left(\frac{QINTA_a}{QVA_a} \right)^{1-\rho_a} a \in A \tag{6-3}$$

其中，ρ 表示产出替代弹性，δ_a^q 表示增值投入的产出，a_a^q 表示全要素生产率。

2. 增值部分

假设增值部分由劳动需求 QLD 和资本需求 QKD 共同构成，其函数形式为 CES 形式；政府分别对劳动和资本征税，设税率分别为 $tval$ 和 $tvak$。则增值部分由劳动价值、资本价值和增值税三部分共同构成。同样由最优条件求解可得：

$$QVA_a = a_a^{va} \left[\delta_a^{va} QLD_a^{\rho_a^{pa}} + (1 - \delta_a^{va}) QKD_a^{\rho_a^{ma}} \right]^{\frac{1}{\rho_a^{va}}} \tag{6-4}$$

$$PVA_a \cdot QVA_a = (1 + tval) \cdot WL \cdot QLD_o + (1 + tvak) \cdot WK \cdot QLK_a \tag{6-5}$$

$$\frac{WL(1 + tval)}{WK(1 + tvak)} = \frac{\delta_a^{va}}{1 - \delta_a^{va}} \left(\frac{QKD_a}{QLD_a} \right)^{1-\rho_a^{va}} a \in A \tag{6-6}$$

其中，*WL* 表示劳动要素价格，*WK* 表示资本要素价格，ρ_a^{va} 表示要素的替代弹性，δ_a^{va} 表示劳动要素的产出份额，a_a^{va} 表示全要素生产率参数。

3. 中间投入部分

假定中间投入为里昂惕夫形式，在开放经济中，中间投入 *QQ*，价格为 *PQ*；由国内生产和进口加总的国内商品供应构成。每个部门所对应的商品产出 $QINTA_{ca}$，是部门中间投入量 $QINTA_a$ 与投入产出系数 ica_{ca} 之积，同理可得中间投入品价格 $PINTA_{ca}$ 的构成关系：

$$QINTA_{ca} = ica_{ca} \cdot QINTA_a \quad a \in A, c \in C \quad (6-7)$$

$$PINTA_{ca} = \sum_{c \in C} ica_{ca} \cdot PQ_c \quad a \in A \quad (6-8)$$

国内生产活动商品 *QA*，包含国内销售 *QDA* 和出口 *QE* 两个部分，其中国内生产国内销售商品的价格表示为 *PDA*，出口商品的价格表示为 *PE*：

$$QA_a = \alpha_a^\iota [\delta_a^\iota QDA_a^{\rho_a^\iota} + (1 - \delta_a^\iota) QE_a^{\rho_a^\iota}]^{\frac{1}{\rho_a^\iota}} \quad \rho_a^\iota > 1, a \in A \quad (6-9)$$

$$\frac{PDA_a}{PE_a} = \frac{\delta^\iota}{1 - \delta_a^\iota} \left(\frac{QE_a}{QDA_a} \right)^{1 - \rho_a^\iota} \quad a \in A \quad (6-10)$$

$$PA_a = PDA_a \cdot \frac{QDA_a}{QA_a} + PE_a \cdot \frac{QE_a}{QA_a} \quad a \in A \quad (6-11)$$

出口价格由国际市场商品价格和汇率共同决定：

$$PE_a = pwe_a (1 - te_a) \cdot EXR \quad a \in A \quad (6-12)$$

其中，*EXR* 表示汇率，*pwe* 表示以外币衡量的商品完税离岸价值，*te* 表示出口商品税。

国内市场上供应的商品数量 *QQ* 是满足国内各主体机构的最终需求（包括消费者、企业、政府）和生产活动的中间投入需求，设定由国产内销商品数量 *QDA* 与国外进口商品数量 *QM* 组成，其替代关系由阿明顿条件描述。同样有最优条件：

$$QQ_c = \alpha_c^q (\delta_c^q QDC_c^{\rho_c^q} + (1 - \delta_c^q) QM_c^{\rho_c^q})^{\frac{1}{\rho_c^q}} \quad c \in C \qquad (6-13)$$

$$\frac{PDC_c}{PM_c} = \frac{\delta_c^q}{1 - \delta_c^q} \left(\frac{QM_c}{QDC_c} \right)^{1 - \rho_c^q} \quad c \in C \qquad (6-14)$$

$$PQ_c = PDC_c \cdot \frac{QDC_c}{QQ_c} + PM_c \cdot \frac{QM_c}{QQ_c} \quad c \in C \qquad (6-15)$$

$$PM_c = pwm_c (1 + tm_c) EXR \quad c \in C \qquad (6-16)$$

在国内市场的产品供应中，国内生产销售商品的价格为 PDC，进口商品的价格为 PM，tm 表示进口关税，pwm 表示以外币衡量的商品价格。

由于国内生产的销售商品与生产活动是一一对应的，故有：

$$QDC_c = \sum_a IDENT_{ac} \cdot QDA_a \qquad (6-17)$$

$$PDC_c = \sum_a IDENT_{ac} \cdot PDA_a \qquad (6-18)$$

4. 居民家庭

为了考察人口老龄化对养老金产生的作用机制，本书设定经济体中存在两类居民，青年人和老年人，其中青年人的收入 YH^y 来源于劳动性收入、资本要素收入以及由于购买个人养老金所产生的递延抵税收入，支出包括消费支出、投资、上缴所得税和养老金缴费；老年人收入 YH^o 来源于要素资本报酬收入、养老金个人账户累积、统筹账户下养老金支付以及税收递延个人养老金税后收入，可以得到青年人、老年人的收入分别为：

$$YH^y = (1 - ti_h - \theta_1) WL \cdot QLS + ti_{pp} SH_{pp}^o + \theta_2 WK \cdot QLK \qquad (6-19)$$

$$YH^o = (1 - \theta_2) shif_{hk} WK \cdot QLK + transfr_{h,gov} y_h + SH_s^o + (1 - ti_{pp}) SH_{pp}^o \qquad (6-20)$$

其中，θ_1 表示年轻人上缴养老保险费用比重，ti_h 设定为对个人劳动课征的税收，ti_k 表示对资本课征的税收，$shif_{hk}$ 表示资本要素收入分配给居民的份额，θ_2 表示资本要素在青年人与老年人之间的分配比例，$tranfr_{h,gov}$ 表示统筹账户下政府养老保险对老年人的转移支付比例，y_h 表示平均工资水平；为了简化处理，模型设定家庭储蓄均以养老金个人账户累计存款 SH_s^o 形式存在，SH_{pp}^o 表示税收递延个人养老金累计收入，ti_{pp} 表示递延税率。则居民家庭的可支配收入以及居民对商品 C 的消费需求为：

$$PQ_c \cdot QH_c = \delta^{ODR} \cdot shrh_c^y \cdot mpc^y \cdot YH^y + (1 - \delta^{ODR}) \cdot shrh_c^o \cdot mpc^o \cdot YH^o$$

$$(6-21)$$

其中，δ^{ODR} 表示 $1/(1 + $ 老年人口抚养比$)$，mpc 表示群体的边际消费倾向，$shrh_c$ 表示群体对商品的消费份额。

$$SH^y = YH^y - \sum_c \delta^{ODR} \cdot shrh_c^y \cdot mpc^y \cdot YH^y - I^y = SH_s^y + SH_{pp}^y$$

$$(6-22)$$

SH^y 表示青年人的储蓄，为当期收入与消费支出、投资的差额，包括养老金个人账户 SH_s^y 与税收递延个人养老金购买 SH_{pp}^y。

5. 企业

企业的税前收入 $YENT$ 为企业的资本投入回报，其中 $shif_{ent,k}$ 为资本要素收入分配给企业的份额，$shif_{pp,k}$ 为税收递延个人养老金的资本要素份额，并且资本要素收入分配关系有 $shif_{ent,k} + shif_{h,k} + shif_{pp,k} = 1$。企业储蓄 $ENTSAV$ 和企业税后收入平衡，其中 ti_{ent} 为企业所得税税率。有：

$$YENT = shif_{ent,k} \cdot WK \cdot QKS \qquad (6-23)$$

$$ENTSAV = (1 - ti_{ent})YENT \qquad (6-24)$$

假定存在资本的动态递归过程，因此本书引入动态结构予以刻画，资本形成总额 QKS，由青年人投资与个人税收递延养老金投资规模决定，各产业部门的投资分配假定由经济结构外生决定：

$$QKS = QKS_{-1} \cdot (1 - \delta) + I^{\gamma} + SH_{pp}^{\gamma} \qquad (6-25)$$

6. 政府部分

假定政府的收入来源 YG 包括商品流通中形成的增值税、企业所得征收的所得税、进口关税以及对青年群体征收的社会保险费:

$$YG = \sum_a (tval_a \cdot WL \cdot QLD_a + tvak_a \cdot WK \cdot QKD_a)$$

$$+ ti_h \cdot WL \cdot QLS + ti_{enl} \cdot YENT + \sum_c tm_c \cdot pwm_c \cdot QM_c \cdot EXR$$

$$(6-26)$$

政府支出由政府消费、对企业以及老年人口的转移支付构成。其中,政府消费等于政府支出中所用于商品消费的部分,且为外生决定。政府行为可以刻画为:

$$EG = \sum_a PQ_a \cdot \overline{QG_a} + transfr_{hg} + transfr_{ent,g} \qquad (6-27)$$

假定政府部门不要求年度预算平衡,政府收支差额为政府净储蓄 $GSAV$,其负储蓄与总产出的比值,即赤字率作为反映财政压力的衡量指标。

$$GSAV = YG - EG \qquad (6-28)$$

7. 养老金模块

本书的养老金模块设定,主要是为了对比分析人口老龄化过程中,部分积累制下养老金改革与第三支柱个人养老金制度改革的效果比。因此设定在部分积累制模式下,社会统筹的养老金收入来源于青年人养老金缴费和政府的社会保险补贴,支出为老年人的养老金收入。即:

$$penrev^{go} = \theta_1 WL \cdot QLS + transfr_{h,g} = transfr_{h,gov}y_h \qquad (6-29)$$

对于个人账户部分,老年人的个人账户收入取决上期累积:

$$SH_s^o = SH_{-1,s}^o \qquad (6-30)$$

在个人养老金完全积累制模式下，养老金收入完全取决于上一期个人养老金的缴纳：

$$SH_{pp}^o = SH_{-1,pp}^o \cdot shif_{-1,pp,k} \cdot WK_{-1} \cdot QKS_{-1} \qquad (6-31)$$

8. 市场出清条件

国内商品总额等于中间商品的投入量、居民的消费量、各部门商品的消费量以及政府的消费量四者之和，即：

$$QQ_c = \sum_c QINT_{ca} + \sum_h QH_{ch} + \overline{QINV_c} + QG_c \qquad (6-32)$$

劳动要素需求量等于其供给量，资本要素需求量等于供给量：

$$\sum_a QLD_a = QLS \qquad (6-33)$$

$$\sum_a QKD_a = QKS \qquad (6-34)$$

9. 国际市场收支平衡

进口商品价值总额等于出口商品价值总额与资本净流入 $FSAV$ 之和，即：

$$\sum_c pwm_c \cdot QM_c = \sum_a pwe_c \cdot QE_c + FSAV \qquad (6-35)$$

假定固定汇率体制闭合，$FSAV$ 表示内生变量，EXR 表示外生决定，有：

$$EXR = \overline{EXR} \qquad (6-36)$$

10. 限制条件

考虑到新古典宏观经济闭合条件，设定政府收支差额、劳动价格、资本价格、生产活动的价格分别等于其禀赋值：

$$GSAV = \overline{GSAV} \qquad (6-37)$$

$$WL = \overline{WL} \qquad (6-38)$$

$$WK = \overline{WK} \tag{6-39}$$

$$PA = \overline{PA} \tag{6-40}$$

根据一般均衡模型中的瓦尔拉斯定理，$WALRAS$ 应为 0，设定投资—储蓄恒等式为：

$$ENIV = (1 - mpc)[YH - (1 - ti_h) \cdot WL \cdot QLS]$$
$$+ ENTSAV + GSAV + EXR \cdot FSAV + WALRAS \tag{6-41}$$

设定 GDP 和 GDP 指数为：

$$PGDP \cdot GDP = \sum_{c \in C} PQ_C (QH_c + \overline{QINV_c} + \overline{QG_c}) + \sum_a PE_a \cdot QE_a$$
$$- \sum_c PM_C \cdot QM_C + \sum_c tm_c \cdot pwm_c \cdot EXR \cdot QM_C \tag{6-42}$$

$$GDP = \sum_c (QH_c + \overline{QINV_c} + QG_c - QM_c) + \sum_a QE_a \tag{6-43}$$

（二） SAM 表编制

本书所构建的可计算一般均衡模型，涉及生产、居民、企业和政府等多部门活动，而 SAM 表则是 CGE 模型分析的数据基础，以投入产出表为基础建立的国民经济核算矩阵。数据涵盖了 42 个生产部门[①]，来源于《中国统计年鉴》、Wind 数据库、国家统计局、《中国财政年鉴》和《中国税务年鉴》，对于缺失值按照线性插值法进行补全。对 CGE 模型中投入产出系数 ica_{ca} 的校准，主要参考潘浩然（2016）；有关 CES 生产函数中弹性参数 $\rho_a, \rho_a^{va}, \rho_a^t, \rho_c^q$，份额参数 $\delta_a^q, \delta_a^{va}, \delta_a^t, \delta_c^q$，全要素生产率参数 $\alpha_a^q, \alpha_a^{va}, \alpha_a^t, \alpha_c^q$

---

① 2017 年投入产出表数据进行编制。

校准，主要参考自刘磊的研究结果①。

第四节　情景模拟与结果分析

基于上述模型分析以及数据，本书首先对不同人口老龄化进程下，由于劳动力供给变化形成的经济效应进行分析。在此基础上，进一步探讨不同养老金改革方案对养老金可持续性及宏观经济变量产生的影响。

（一）人口老龄化设定

在对我国人口老龄化进程的设定方面，当前人口学中主要的人口预测方法有队列要素预测法、概率人口预测法和专家判断法三类，其中概率人口预测中的贝叶斯分层模型基于各参数的先验分布确定未来的变化区间，在预测方法上比队列要素和专家判断更为客观②。因此本书对人口老龄化的设定，引用联合国人口的贝叶斯分层模型估计得到的我国未来人口老龄化情景数据③。在 2019 年《世界人口展望》中给出了 9 种确定性预测方案。本书分别定义为中速老龄化进展、低速老龄化进展、高速老龄化进展（见图 6 - 1），其解释见表 6 - 1。

---

　　① 刘磊，张永强. 增值税减税政策对宏观经济的影响——基于可计算一般均衡模型的分析 [J]. 财政研究，2019（08）。

　　② 盛亦男，顾大男. 概率人口预测方法及其应用——《世界人口展望》概率人口预测方法简介 [J]. 人口学刊，2020（05）.

　　③ 联合国人居署.《世界人口展望》. https：//population. un. org/wpp，2020 年 9 月 1 日。

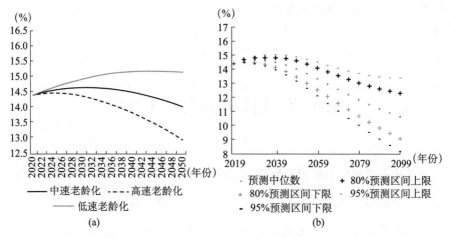

图 6 - 1   人口预测数据

表 6 - 1   2019 年《世界人口展望》中的确定性人口预测方案

类别	解释
中速老龄化进展 （中方案）	生育率：由贝叶斯分层概率人口预测得到的生育水平预测轨迹的中位数 死亡率：分性别出生预测寿命为贝叶斯分层概率人口预测的中位数 迁徙率：假定国际迁徙人口水平在 2050 年前不变
低速老龄化进展 （高方案）	生育率：假定整个预测期内总和生育率比中方法平均高出 0.5。并假定 2020～2025 年高方案下的总和生育率较中方案高 0.25，2025～2030 年高出 0.4，2030～2035 年高出 0.5 死亡率：同中方案 迁徙率：同中方案
高速老龄化进展 （低方案）	生育率：假定在整个预测期总和生育率比中等生育率方案低 0.5 死亡率：同中方案 迁徙率：同中方案

（二） 人口老龄化对经济与养老金收支影响

图 6-2 归结了未来 30 年间，随着不同情境老龄化水平的进展对宏观经济产生的影响。模拟结果显示，人口老龄化对宏观经济增速的影响较深，在低速、中速和高速情况下，未来 30 年间实际 GDP 增长均值分别为 2.99％、1.93％ 和 -1.02％。其中在基准情景下（中速），考察期内我国 GDP 增长率持续走低，在 2050 年左右接近 0 增长水平，并在此后由正转负。而在最悲观的情景中，劳动力冲击引致的经济增速下降最快，且与基准情景的增速差距呈现不断放大趋势，其中 2020～2040 年，经济增速下降较快，在 2030 年左右经济增速由正转负，并伴随增速的拐点出现。而低速老龄化进展对经济的冲击影响相对较弱，经济增速持续徘徊于 3％ 的增长状态，而人口老龄化对经济的冲击影响呈现递减趋势。

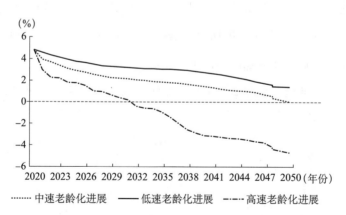

图 6-2 2020～2050 年不同情境下 GDP 增长率模拟结果及其比较

资料来源：模型仿真模拟结果。

从产业结构角度分析，随着人口老龄化进程的加速，家庭的最优消费与投资决策发生相应改变，劳动力供给数量下降主要表现为对异质性劳动密集产业的再配置效应，农业和制造业的有效劳动供给减少，以居民服务和公共事业为代表的第三产业的劳动吸纳能力提升。从部门产出看，大部分产业对 GDP 的贡献都呈现出下降趋势，其中，食品加工业、动力燃气业以及消费性产品加工制造等产业受到人口老龄化的冲击影响最大，建筑业虽然能够保持对 GDP 的正贡献率，但其贡献边际呈现逐年下降趋势，另外在金融业中，由于受社会风险偏好下降以及产业投资回报率下降等因素影响，其产业对 GDP 的贡献率呈现较为明显的下降趋势。

从不同老龄化增速对养老金收支的影响看，通过模拟（如图 6 - 3 所示），在基准情形下，2020 年我国养老金收支缺口为 - 0.37 万亿元，随后缺口逐步扩大，并在 2030 年开始呈现加速态势，缺口约为 8.63 万亿元，至 2050 年缺口扩大至 70.11 万亿元，对政府财政形成严峻挑战。分不同情境来看，在 2035 年之前，不同老龄化情景对养老金平衡的影响差异性较小，高速情景与低速情景分别较中速情景的缺口高出 3.14% 和 - 4.1%。但随着老龄化程度的进一步加深，居民部门的可支配收入与消费水平下降，劳动力短缺对产业部门的产出呈现更强影响，到 2050 年，高速情景与低速情景较中速情景的养老金缺口分别扩大为 7.38% 和 - 6.96%。

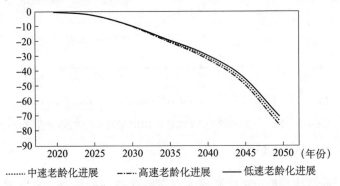

图 6 - 3　2020 ~ 2050 年不同情境下养老金收支模拟结果及其比较
资料来源：模型仿真模拟结果。

（三）　养老金制度改革的政策效果分析

本节基于上面的 CGE 模型分析框架，将养老金制度参数内嵌于内生宏观经济系统中，模拟高速老龄化情境下，养老金制度调整对经济系统的全局性影响，分析不同类型养老金制度改革的可持续性影响。

1. 政策模拟方案一：提升居民的养老金缴存比例

表6－2 显示，在不同老龄化深度情境下，政府养老保险金对居民部门增加 10% 的结果。在当前老龄化水平下（2020 年人口老龄化水平），提高对居民部门的养老金缴费水平仍然能够产生积极的经济效应，其中对实际 GDP 的增长贡献为 0.002%，投资水平的带动作用为 0.097%，受居民最优决策变化影响，消费下降，出口受汇率上升影响实际增长率为 0.014%。但在深度老龄化条件下（2050 年人口老龄化水平），这一养老金政策效果则会产生明显的负向冲击，其中对实际 GDP 的贡献影响为 － 0.020%，养老金的补充增加了政府投资支出空间，对经济产出的带动效果为 0.017%，但对居民消费的冲击影响更深，为 － 1.037%。总体而言，通过提高居民部门的缴费，短期内对经济的提振作用有限，但同时随着人口老龄化的加深，其负面经济效果不断凸显。

表6－2　　　　提升居民养老金缴纳比例的主要宏观经济变化情况　　　　单位:%

宏观经济变量名称	2020 年人口老龄化水平	2050 年人口老龄化水平
实际 GDP	0.002	－ 0.020
投资	0.097	0.017
消费	－ 0.811	－ 1.037
进口	－ 0.087	－ 0.002
出口	0.014	－ 0.002

续表

宏观经济变量名称	2020 年人口老龄化水平	2050 年人口老龄化水平
汇率	0.003	− 0.053
政府收入	0.127	− 0.281
通货膨胀率	0.004	− 0.019

资料来源：模型仿真模拟结果。

2. 政策模拟方案二：降低居民的养老金替代水平

表 6 - 3 显示，通过降低政府养老金 10% 替代率水平维持养老金可持续性的模拟结果。数据显示，在深度老龄化状态下，通过下调养老金替代率水平能够有效地减缓劳动力的负向冲击，对 GDP 的贡献为 0.001%，但这一政策总体上降低了社会的福利水平，居民的福利变化为 − 63540，降低了老年人当期的可支配收入，但从长期来看，对消费的负面作用逐渐消退。

表 6 - 3   降低居民养老金替代水平的主要宏观经济变化情况   单位:%

宏观经济变量名称	2020 年人口老龄化水平	2050 年人口老龄化水平
实际 GDP	− 0.002	0.001
投资	0.133	0.087
消费	− 0.211	− 0.084
进口	− 0.017	0.007
出口	− 0.025	0.010
汇率	0.006	− 0.003
政府收入	0.024	− 0.010
通货膨胀率	0.004	− 0.002

资料来源：模型仿真模拟结果。

3. 政策模拟方案三：延迟退休年龄

从 2020 年起，将退休年龄 60 岁提高到 65 岁，表 6 - 4 显示，在深度老龄化状态下，由于延迟了参与劳动力供给数量的下降，对 GDP 的贡献作用更为明显，影响为 0.05%，但在 2050 年经济仍然受深度老龄化影响，经济处于负增长水平，对经济影响的差异性主要表现为家庭消费和出口变化，其中在 2020 年市场消费水平和出口分别为 0.32% 与 0.037%，但随着人口老龄化程度的加深，这一政策并未能够从根本上改善经济发展的环境。

表 6-4　　　　　　　延迟退休的主要宏观经济变化情况　　　　　　单位:%

宏观经济变量名称	2020 年人口老龄化水平	2050 年人口老龄化水平
实际 GDP	0.05	-0.015
投资	0.81	0.153
消费	0.32	-0.069
进口	-0.013	0.017
出口	0.037	0.02
汇率	0.005	-0.004
政府收入	0.004	-0.03
通货膨胀率	0.005	-0.001

资料来源：模型仿真模拟结果。

4. 政策模拟方案四：提高税收递延个人养老金比重

表 6-5 显示，通过每年提高 3% 的个人养老金比重的养老金政策改革方案。数据显示，初期个人养老金发展的变化对经济的刺激作用不明显，主要源于占比规模较小，无法通过抵税效应以及投资刺激对经济形成有效支撑。但随着老龄化水平的提高，这一政策优势逐步凸显，在 2050 年，由于养老金制度改革对前一期年轻人养老储备收入的提升，使消费的副作用贡献最小，经济增长仍然能够保持 0.001% 的正增长水平。

表6-5　　　　　　　提高个人养老金比重的主要经济情况变化　　　　单位:%

宏观经济变量名称	2020 年人口老龄化水平	2050 年人口老龄化水平
实际 GDP	0.01	0.001
投资	0.33	0.413
消费	0.211	-0.041
进口	-0.017	0.007
出口	-0.025	0.01
汇率	0.006	-0.003
政府收入	0.024	-0.01
通货膨胀率	0.004	-0.002

资料来源：模型仿真模拟结果。

综合来看，为了应对人口老龄化而实施的养老金制度改革，推动第三支柱个人养老金发展的经济贡献最高，其次为延迟退休。同时，随着个人养老金在全社会养老金比重的提升，也使第一支柱政府养老金替代率水平下降成为可能，从而对经济的提振具有双重作用。

第七章　人口老龄化、养老预期和社保降费政策有效性研究

第一节　引言

面对日趋复杂的国内外经济形势，提高宏观调控政策的精准度和有效性成为保障经济高质量发展的必由之路（吕炜，2022）。养老保险阶段性减免政策，作为 2020 年新冠疫情期间推出的创新性减税工具，通过降低企业用工成本和缓解流动性资金约束，为"六稳、六保"经济目标的实现作出了突出贡献；其政策重点指向中小微企业和困难企业[①]，当年实现降费规模约 1.08 万亿元[②]，占全年减税降费的比例约 43.2%。2022 年，面对需

求收缩、供给冲击、预期转弱的三重压力，决策层提出了"实施更大规模和更有力度的新组合式税费支持政策"，其中针对缓缴扩围行业所属的困难企业继续实施缓缴政策。那么如何进一步完善社保降费政策以助力高质量经济发展政策目标？其关键点是厘清政策效果实现的核心驱动因素，科学评估已实施政策的宏观效果，并在此基础上提出提质增效的可行路径。本书认为，阶段性降费工具作为减税降费政策的重要组成部分，其作用机制较之于一般意义上的减税降费工具和供给侧社保费改革具有特殊性。同时，微观主体的养老预期反馈是该项政策传导机制的关键变量。

受经济发展方式、市场决定作用增强、经济下行压力加大和全球减税竞争等因素影响，我国于 2016 年启动了一轮大规模、实质性的减税降费政策（胡怡建，2021），此阶段政策主要聚焦于深化增值税和社保费改革、经济主体普惠性减税以及组合式税费支持政策等领域（马海涛，2022；庞凤喜，2022），其政策有效性受到学术界的广泛关注。从宏观效果上看，系统性减税有助于廓清政府治理与市场作用的范围（高培勇，2016；刘明慧等，2021）、保障市场主体享受更优质的资源配置结构（张斌，2019）、对冲社会风险（中国财科院"企业成本与地方财政经济运行"税费评估调研组，2021）、优化税制结构（何辉，2022）、缓解金融资源误置（李春根等，2018）等；基于宏观税负与经济增长之间的"拉弗曲线"效应，当前最优的降税目标为宏观税负水平为 16.9%（刘乐淋等，2021），但在经济下行期，受经济基础参数决定的税收弹性和税负归宿（何代新 2022）、财政压力（尹李峰，2021）等影响，其政策效果受到制约（厦门大学 CQMM 课题组，2020），企业获得感不强（邓力平，2019）。从政策传导路径看，减税降费政策在产业链主要表现为提高劳动和资本的边际报酬率，进而促进需求扩张和经济增长（汪昊，2022）以及通过成本下降的传导扩散，增加居民的社会福利水平（倪红福，2021）；在微观实施机制方面，减税降费能够增加企业内部现金流（张伯超，2022）、提升企业家信心（石英华，2021）、缓解融资约束（梅东洲，2022）、降低企业进入退出门槛（田磊，2021）、促进产业分工（毛捷，2020）等渠道，显著降低了企业的储备现金水平（张世敬，2022）和"脱实向虚"意愿（黄贤环，2022），提升企业的策略性创新产出以及投资水平（孔军，2021）。同时，在提高纳税遵从度（李昊楠，2021）、增强企业对研发人员投入和集聚（李真，2021）等方面具有显著效果。但其微观减税效应，受激励实施方式的影响（汪冲，2018；杨国超，2020），在不同企业性质（冯俊诚，2022）、企业生命周期阶段（刘诗源，2022）以及行业层面（盛丹，2021）存在较强的异质性。

回溯我国养老保险制度的发展可以发现，自 1997 年我国建立社会统筹和个人账户相结合的城镇职工基本养老保险制度以来，着力推动了以扩大覆盖范围、提高统筹层次以及增强制度公平性为主线的系列改革，其产生的社会经济效果，如经济增长（杨继军，2019；杜鹏程，2021）、收入分配（贾晗睿，2021；周心怡，2021；金刚，2019；卢洪友，2019）等宏观视域问题和税负转嫁（鄢伟波，2021；郑秉文，2021）、税收征管（魏志华，2021；赵仁杰，2020；许红梅，2020）等财税问题被学界所广泛讨论。近年来，随着人口老龄化对养老金精算平衡能力的侵蚀，对制度可持续性的测度（曾益，2020；王亚珂，2021；房连泉，2019，于新亮，2019）以及改革方案（许诺，2020；张心洁，2018，穆怀中，2022；邱牧远，2020；景鹏，2020）的探讨日趋增多。与此同时，供给侧制度性减税降费框架下所实施的社保费企业缴费下调政策的推出，其刺激效果亦得到广泛的关注（程欣，2020；宋弘，2021；程煜，2021）。从政策传导机制分析，不同于一般意义上的减税降费政策，养老保险的制度性变革在影响企业决策行为的同时还涉及家庭部门的劳动力供给配置和养老预期的政策调整，从而使整体的政策效果具有不确定性。首先，就企业决策机制而言，根据税负归宿理论，社保缴纳所带来的成本效应会使企业主或向劳动供给者进行税负转嫁（封进，2014；赵建宇，2018），或减少劳动雇佣进行资本替代，或两者兼有之，因此社保降费有助于提升劳动力需求（尹恒，2021；宋弘2021）和资本积累水平（唐钰，2020），对企业生产率产生积极作用。但也有研究指出，由于我国社保缴费与福利的关联程度不高，经济中存在无法享受企业福利的"外部人"等因素，社保在降费过程中并未出现"税负转嫁"效果（鄢伟波2021），反而降低了市场中的劳动力供给（程煜，2021）。其次，就家庭部门的决策而言，在劳动力供给决策方面，社保投入水平对劳动力供给具有非线性影响，过高的社保投入会诱发"福利病"，造成员工努力程度的下降（Akerlof & Yellen，1990），但同时也有文章指出，在一定的社保投入区间内，更高的社保水平能够形成员工的激励效应，从而使有效劳动、创新精神得以释放，推动产出水平的提升（World Bank，2018），而现阶段我国的社保投入对生产率的影响渠道中，激励作用仍占据主导作用（程欣，2021），因此降费的政策效果或将通过上述机制被弱化。最后，家庭部门通过养老预期渠道，对减税降费政策作出的策略性反映，目前尚鲜有论文提及。

本书研究的边际贡献主要在以下三个方面。一是在理论视角方面，将老龄预期理论引入人口老龄化动态经济分析和财税政策最优决策研究，补充和拓展了既有的研究空白。二是在研究工具方面，通过构建不同养老模式和家庭预期的动态随机一般均衡模型，比较分析两者在养老保险降费政策的效果差异，对个体预期在政策实施的影响机制和路径进行反事实模拟分析。三是在实践视角方面，对当前社保降费政策的有效性及中长期的作用空间进行量化的测度，从而为财政常备政策工具箱实践提供支撑。

第二节　模型设定

（一）　家庭部门

除了人口中被分成两种类型的经济主体外，模型与标准的 DSGE 模型结构类似，其中的在岗职工经济主体是标准模型中考虑的经济主体，退休人员经济主体假设不能进入劳动力市场，从而其不能通过出让劳动力获得工资收入，但可以获得按一定标准发放的退休金收入[①]。在对每类经济主体的行为进行描述后，模型继续考虑每组行为的加总问题，并得到整个经济的行为。

1. Two‐agent 家庭部门（现收现付养老金模式）

我们假设存在连续分布的消费者，其以指标 $h \in [0, 1]$ 来表示。人口中的一部分 ϕ 是在岗职工经济主体，其能够进入劳动力市场，从而这组经济主体能够对劳动力供给进行决策，并将劳动力租给厂商，这类经济主体以下标 $i \in [0, \phi]$ 来表示。人口中的另一部分 $1 - \phi$ 是退休人员经济主体，其受到劳动力供给的限制，不能对劳动力供给进行决策，能进行实物资本

---

① 此处，退休金的收入可以直接外生给定，也可以采用劳动力收入的比例，如以养老金替代率实现。

投资，这类经济主体以下标 $i \in [\phi, 1]$ 来表示。

（1）在岗职工家庭。在岗职工家庭效用函数如下：

$$E_t \sum_{k=0}^{\infty} \beta^k \left[\frac{C_{w,t+k}^{1-\sigma}}{1-\sigma} - \chi \frac{N_{w,t+k}^{1+\eta}}{1+\eta} \right] \tag{7-1}$$

其中，$C_{w,t}$ 表示私人消费品，χ 表示劳动力供给的权重参数，σ 表示相对风险系数，η 表示劳动力供给弹性的倒数，T_t 表示一次性总负税。家庭面临的预算约束形式如下：

$$C_{w,t} + I_{w,t} + T_t = (1 - \tau_t^w) \frac{W_t}{P_t} N_{w,t} + \frac{R_t^k}{P_t} K_{w,t-1} \tag{7-2}$$

资本积累方程约束为：

$$K_{w,t} = K_{w,t-1}(1-\delta) + I_{w,t} \tag{7-3}$$

此方程若与退休家庭方程同时进入系统会产生共线性：

$$C_{w,t} + K_{w,t} - K_{w,t-1}(1-\delta) + T_t = (1 - \tau_t^w) w_t N_{w,t} + r_t^k K_{w,t-1} \tag{7-4}$$

其中，家庭的收入来自税后工资收入、资本收益、债券利息收入，支出主要用于消费 $C_{w,t}$、投资 $I_{w,t}$ 和购买公债 $B_{w,t}$，缴纳政府部门的一次性总付税 $T_{w,t}$。τ_t^w 代表劳动税率和个人缴纳的养老保险费。

则有：

$$\lambda_t^\sigma = \frac{1}{C_{w,t}} \tag{7-5}$$

$$\chi N_{w,t}^\eta = \lambda_t [1 - \tau_t^w] w_t \tag{7-6}$$

$$\lambda_t = \beta E_t \lambda_{t+1} [(1-\delta) + E_t r_{t+1}^k] \tag{7-7}$$

（2）退休职工家庭。假定比例为 $1 - \phi$ 退休人员不再参与劳动，其效用函数为：

$$E_t \sum_{k=0}^{\infty} (\beta r)^k \left[\frac{C_{r,t+k}^{1-\sigma}}{1-\sigma} \right] \tag{7-8}$$

假定退休人员家庭将全部收入用于消费与投资 $I_{r,t}$，收入的来源为政府发放的养老金与资本收益。其所面临的预算约束为：

$$C_{r,t} + I_{r,t} = S_t + \frac{R_t^k}{P_t} K_{r,t-1} \tag{7-9}$$

$$K_{r,t} - K_{r,t-1}(1-\delta) - I_{r,t} = 0 \tag{7-10}$$

$$C_{r,t} + K_{r,t} - K_{r,t-1}(1-\delta) = S_t + r_t^k K_{r,t-1} \tag{7-11}$$

由效用最大化可得其 FOC：

$$\left(\begin{array}{c} \dfrac{1}{C_{r,t}^\sigma} = \lambda_{r,t} \\[3mm] \lambda_{r,t} = \beta E_t \lambda_{r,t+1} \big[(1-\delta) + E_t r_{t+1}^k \big] \end{array} \right) \tag{7-12}$$

（3）TA 家庭部门加总。家庭部门每个变量的加总值由下式给出：

$$X_t = \int_0^1 X_{h,t} \mathrm{d}(h) = \phi X_{w,t} + (1-\phi) X_{r,t} \tag{7-13}$$

$$C_t = \phi C_{w,t} + (1-\phi) C_{r,t} \tag{7-14}$$

$$K_t = \phi K_{w,t} + (1-\phi) K_{r,t} \tag{7-15}$$

$$I_t = \phi I_{w,t} + (1-\phi) I_{r,t} \tag{7-16}$$

$$N_t = \phi N_{w,t} \tag{7-17}$$

$$K_t - K_{t-1}(1-\delta) - I_t = 0 \tag{7-18}$$

2. OLG 框架下的家庭部门（累积制养老金模式）

戴蒙德（Diamond，1965）根据塞缪尔森（Samuelson，1958）的观点，将生命周期纳入家庭决策的微观基础中，形成了世代交叠模型（OLG）。该模型与 Two - Agent 模型的最大区别在于家庭在进行最大化跨期效用决策时会考虑到自己退休时期的情况。参考巴克萨和蒙卡奇（Baksa and Munkacsi，2016）的 DSGE - OLG 模型设定。假设有代表性家庭，在岗消费与退休消费共同决定，其跨期替代弹性：

$$\underset{C_{w,t},N_{w,t},C_{r,t}}{MAX:U_t} = E_t \left\{ \sum_{i=0}^\infty \beta^i \left[(1-w_{w,t})^i \left[\frac{C_{w,t+i}^{1-\sigma}}{1-\sigma} - \chi \frac{N_{w,t+i}^{1+\eta}}{1+\eta} \right. \right. \right.$$

$$+ (1 - w_{w,t})^{i-1} (w_{w,t}) \left[\frac{C_{r,t+i}^{1-\sigma}}{1-\sigma} \right] \Big] \Big] \Big\} \qquad (7-19)$$

假设不断有人出生，成为工人家庭，退休家庭消费完所有收入死亡，进入者等于退出者。

如果没退休（概率（比例）$1 - \omega_{w,t}$）：

$$C_{w,t} + I_{w,t} + I_{r,t} + T_t = (1 - \tau_t^w) \frac{W_t}{P_t} N_{w,t} + \frac{R_t^k}{P_t} K_{w,t-1} \qquad (7-20)$$

如果没有退休，家庭的收入来自工资与资本收入，同时用于消费和投资，此时投资有两种选择：一种是投资给作为工人的资本存量；另一种是作为退休储蓄投资作为退休人的资本存量。同时缴纳一次性总负税。

$$C_{r,t} = \frac{R_t^k}{P_t} K_{r,t-1} + S_t \qquad (7-21)$$

有资本积累技术：

$$K_{w,t} = K_{w,t-1}(1 - \delta) + I_{w,t} \qquad (7-22)$$

$$K_{r,t} = K_{r,t-1}(1 - \delta) + I_{r,t} \qquad (7-23)$$

有加总：

$$C_t = C_{r,t} + C_{w,t} \qquad (7-24)$$

$$I_t = I_{r,t} + I_{w,t} \qquad (7-25)$$

$$K_t = K_{r,t} + K_{w,t} \qquad (7-26)$$

$$N_t = N_{w,t} \qquad (7-27)$$

求解得到FOC：

$$\frac{\partial L_t}{\partial C_{w,t+i}} = \lambda_{w,t+i} = C_{w,t+i}^{-\sigma} \qquad (7-28)$$

$$\frac{\partial L_t}{\partial C_{r,t+i}} = \lambda_{r,t+i} = C_{r,t+i}^{-\sigma} \qquad (7-29)$$

$$\frac{\partial L_t}{\partial N_{w,t+i}} = \lambda_{w,t+i}(1 - \tau_{t+i}^w) w_t = \chi N_{w,t+i}^{\eta} \qquad (7-30)$$

$$\frac{\partial L_t}{\partial K_{w,t+i}} = \beta(1 - \omega_{w,t})\lambda_{w;t+i+1}(1 - \delta) + \beta(1 - \omega_{w,t})\lambda_{w,t+i+1}r^k_{t+i+1} = \lambda_{w,t+i}$$

$$(7-31)$$

$$\frac{\partial L_t}{\partial K_{r,t+i}} = \beta(1 - \omega_{w,t})\lambda_{w,t+i+1}(1 - \delta) + \beta(\omega_{w,t})\lambda_{r,t+i+1}r^k_{t+i+1} = \lambda_{w,t+i}$$

$$(7-32)$$

（二）厂商部门

假设处于垄断竞争市场中间品厂商生产函数为 C – D 函数形式：

$$Y_t = Z_t(K_{t-1})^\alpha(N_t)^{1-\alpha} \qquad (7-33)$$

$$\log(Z_t) = \rho_z\log(Z_{t-1}) + \epsilon^z_t, \epsilon^z_t \sim (0, \sigma^2_z) \qquad (7-34)$$

其中，Z_t 表示全要素生产率，假定其为 AR（1）过程。考虑到我国基本养老保险实行社会统筹与个人账户相结合模式，用人单位和个人缴费是基本养老保险基金的主要来源，在中间品厂商最优化过程中刻画养老保险费征缴行为。参考科恩等（Coenen et al.，2012）的设定，假设企业按照工资缴纳养老保险费率为 τ^{fs}_t，通过给予企业缴纳养老保险费率 τ^{fs}_t 冲击模拟阶段性减免企业养老保险缴费政策。对于中间品厂商来讲，其成本最小化问题为：

$$MIN: (1 + \tau^{fs}_t)W_tN_t + R^k_tK_t \qquad (7-35)$$

$$P_tZ_t(K_{t-1})^\alpha(N_t)^{1-\alpha} \geqslant P_tY_t \qquad (7-36)$$

求解得出个体 j 的工资率和资本报酬率：

$$\frac{(1 + \tau^{fs}_t)W_t}{P_t} = (1 - \alpha)Z_t\left(\frac{K_{t-1}}{N_t}\right)^\alpha = (1 - \alpha)\left(\frac{Y_t}{N_t}\right) \qquad (7-37)$$

$$\frac{R^k_t}{P_t} = \alpha Z_t\left(\frac{K_{t-1}}{N_t}\right)^{\alpha-1} = \alpha\left(\frac{Y_t}{K_{t-1}}\right) \qquad (7-38)$$

得出二者比值：

$$\frac{(1 + \tau_t^{fs})W_t}{R_t^k} = \frac{1 - \alpha}{\alpha}\frac{K_t}{N_t} \qquad (7-39)$$

去除价格因素，调整为实际工资和实际资本收益率后得：

$$\frac{(1 + \tau_t^{fs})w_t}{r_t^\kappa} = \frac{1 - \alpha}{\alpha}\frac{K_t}{N_t} \qquad (7-40)$$

（三） 社保部门

社保部门设定①主要参考《中华人民共和国社会保险法》（以下简称《社会保险法》）。根据《社会保险法》第十一条，我国基本养老保险实行社会统筹与个人账户相结合，基本养老保险基金由用人单位和个人缴费以及政府补贴等组成。同时根据《社会保险法》第六十九条，社会保险基金在保证安全的前提下，按照国务院规定投资运营②实现保值增值。由此假定社保部门按退休人员比例③ $1 - \phi_1$ 发放养老金，其余部分投资政府债券并于第二年获取利息收入。因此，社保收入 R_t^{social} 包括来源于以在岗工人工资水平为标准的企业缴费 $\tau_t^{fs}w_tN_{w,t}$、个人缴费 $\tau_t^{age}w_tN_{w,t}$、政府补贴 G_t^{social}，其中 R_t 为政府债券利率；社保支出 E_t^{social} 包括按比例 ϕ_1 留存的社保投资支出和养老金发放支出。具体如下：

$$R_t^{social} = (\tau_t^{fs} + \tau_t^w)W_tN_{w,t} + P_tG_t^{social} \qquad (7-41)$$

---

① 社会保险费设立之初，不同省份的征收形式并不统一，2019 年 1 月 1 日起，社会保险费统一由税务部门征收。根据《社会保险法》，社会保险管理工作由社会保险行政部门负责，税务部门只是代征，并不参与具体的资金管理，因此在模型设定中本书并未考虑税务部门代征的影响。

② 此处的投资，也可转化为社会投资，这里为了方便，转化为国债投资。

③ ϕ_1 这个比例并没有一定之规，可以校准为现实中的溢存比例，也可按照老龄人口的比重校准。

$$E_t^{social} = P_t S_t \tag{7-42}$$

具体预算平衡形式设定如下：

$$(\tau_t^{fs} + \tau_t^{age})\ w_{w,t} N_t + G_t^{social} = S_t \tag{7-43}$$

有政府收支平衡：

$$G_t^{social} = T_t \tag{7-44}$$

社保发放 S_t 与在岗职工家庭工资收入相关，按其比例发放（替代率）。

$$S_t = \phi^s N_{w,t} w_t \tag{7-45}$$

第三节 模型模拟

（一） 参数校准

我们将参数的校准值汇总于表 7-1。

表 7-1 参数校准

参数	参数名称	校准值
sigma = 2	σ 相对风险系数	2
beta = 0.97	β 贴现因子	0.97
chi = 1	χ 是劳动力供给的权重参数	1
eta = 1.5	η 为劳动力供给弹性的倒数	1.5
delta = 0.025	δ 折旧率	0.025
phi = 0.6	养老金替代率	0.6
alpha = 0.33	∂ 资本边际产出弹性	0.33

（二） 模型分析

1. 不同养老模式下人口老龄化与经济稳态分析

本书分别将人口老龄化水平由 20% 提升至 30%，并比较分析两者的经济稳态差异。通过图 7 – 1 和图 7 – 2 的对比可以发现，随着人口老龄化的加深，总产出的稳态随着老龄化的加深呈现下降趋势，并且从消费、投资和稳态利率水平看同样呈现趋势性下降态势。但具体从两者的人口老龄化影响深度考察，其降幅和稳态变化路径具有较大的异质性。从影响路径分析，一方面，在未考虑到养老预期情景下，随着人口老龄化的加深财政养老支出快速上升，从而使政府债务被动上升并对财政空间形成较大制约，对社会投资形成较大的挤出。另一方面，由于家庭部门在未预期到的养老金收入下滑，以及养老金平衡性不足所引发的社保费率提高使退休家庭部门和在岗家庭的消费支出出现较大幅度的下降，从而抑制了社会的均衡需求水平。

2. 社保降费政策有效性比较

在上述研究基础之上，本书进一步引入社保降费冲击，考察不同养老制度模式下政策的有效性差异。从冲击对比图 7 – 3 中可以发现，从产出来看，减免企业社保缴费在两种模型下产生了截然不同的两种政策效果，在 TA 模型框架下，减免企业社保缴费存在明显的产出刺激效果，而 OLG 模型则出现了明显的负向影响。其可能的原因在于，OLG 模型由于使居民存在自主养老的选择，因此在减税政策带来的"李嘉图等价"效应更为明显，缩减的养老部分被居民自主削减支出用于养老所抵消，甚至导致经济出现了明显的下降。从消费看，在 TA 模型框架下，无论是退休人员消费、在岗职工消费，还是总消费，减免企业社保缴费存在明显的消费刺激效

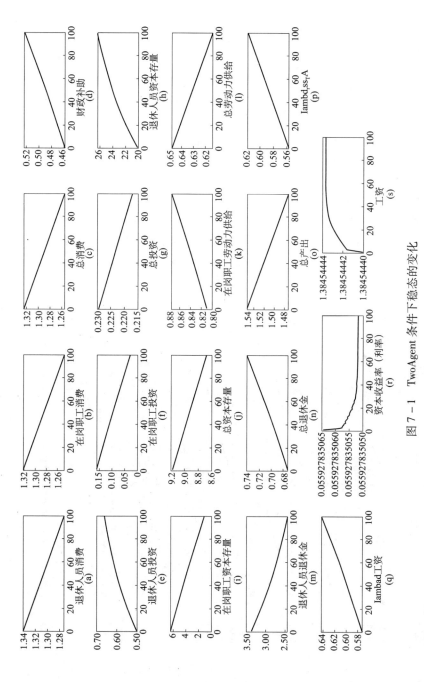

图 7 - 1　TwoAgent 条件下稳态的变化

资料来源：国家统计局等官方网站数据整理后，根据上述模型仿真分析制成。

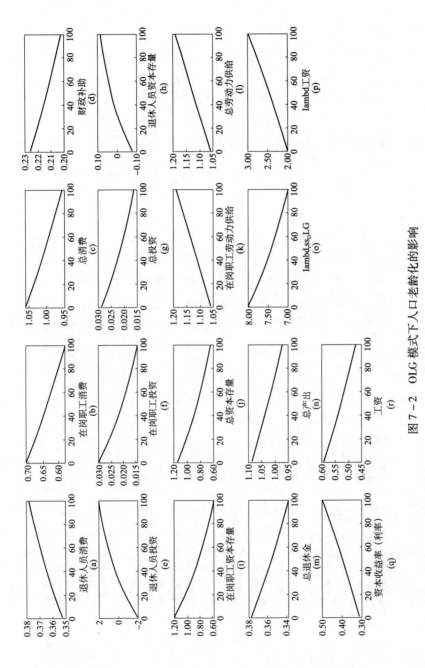

图 7 - 2　OLG 模式下人口老龄化的影响

资料来源：国家统计局等官方网站数据整理后，根据上述模型仿真分析制成。

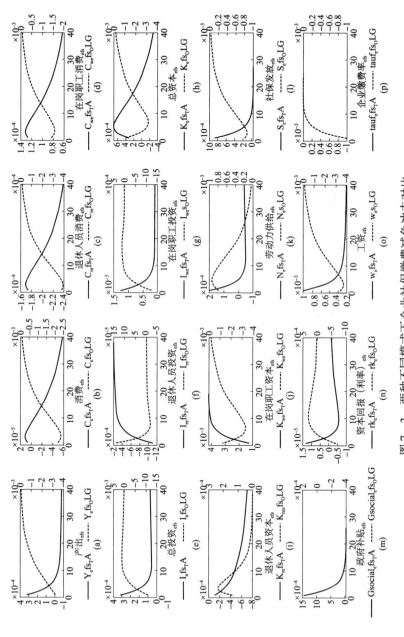

图 7 - 3 两种不同模式下企业社保缴费减免冲击对比

资料来源：国家统计局等官方网站数据整理后，根据上述模型仿真分析制成。

果，但在 OLG 模型框架下，则表现出明显的消费抑制，这一现象与产出的情况相似，OLG 框架下，降费导致居民养老支出增加，产生了"李嘉图等价"效应。从投资看，减免企业社保缴费在 TA 框架下带来了总投资的上升，退休人员投资的下降和在岗职工投资的上升。而在 OLG 框架下却带来了总投资的下降，退休人员投资（投资于退休账户）的上升和在岗职工投资的下降。在 TA 框架下，减免企业养老保险使企业成本负担下降，资本需求与劳动力需求均上升，进而带来了投资的上升。在 OLG 框架下，减免企业养老保险使居民养老投资支出上升，但总投资下降。从劳动力供给看，减免企业社保缴费均增加了劳动供给。不过在 TA 模型下劳动力供给上升较为短暂，在 OLG 模型下劳动力供给上升较多。从工资来看，在 TA 模型下减免企业社保缴费使工资上升，而在 OLG 模型下工资出现下降。其可能的原因在于：一是 TA 模型下，减免企业养老保险缴费在一定程度上降低了企业的用工成本，使其劳动力需求上升。二是 OLG 模型下，减免企业养老保险缴费降低了家庭部门的退休预期收入，因此使其被迫增加劳动力供给。

第四篇 个人养老金发展路径研究

第八章　我国个人养老金发展现状与趋势研究

第一节　我国第三支柱个人养老金行业现状分析

个人养老金融产品是个人投资者认购的以增加财产性收入、提高自我养老保障为目的的金融产品。个人养老金产品一般以提高投资者退休后的养老金替代率为主要目标，大多具有投资期限长、平衡资产风险与长期收益能力等特点。当前我国的个人养老金融①产品主要由银行、保险、基金和信托四类机构提供（见表8-1）。其中，银行机构开发和提供的养老金融产品以养老理财、养老储蓄和住房反向抵押贷款为主；保险公司是当前养老金融产品的主要供给者，包括个人商业养老保险、老年人住房反向抵

---

① 当前第三支柱个人养老金产品只有税收递延型商业养老保险一种。

押养老保险等品种；基金公司是个人养老金融领域的快速崛起者，其开发的产品主要为养老目标基金；信托公司主要依据投资者的养老需求，定制各类附带养老保障的信托产品，其产品投资者多为高净值客户。鉴于上述个人养老产品的数据可得性、重要性以及前景性，本书重点将养老理财、商业养老保险、养老目标基金作为个人养老金市场的主要分析产品。

表 8 - 1　　　　　四类金融机构可提供的养老金融产品

金融机构	养老金融产品
银行	养老储蓄、养老理财、住房反向抵押贷款等
保险	个人与团队商业养老保险、老年人住房反向抵押养老保险等
信托	各类附带养老保障的信托产品
基金	养老目标基金：目标日期基金、目标风险基金

资料来源：华泰证券研究所。

（一）养老理财产品发展现状

商业银行所发行的养老理财个人养老金产品是完善我国养老领域金融服务、保障居民退休后生活质量的重要金融产品。根据董克用、孙栋（2017）的研究分析，我国银行的养老理财产品主要具有如下特点：一是存续期间相对高于其他理财产品，一般在 3 年以上；二是多为非保本浮动收益型，这主要是基于养老理财产品需要在控制风险的前提下追求长期稳健收益；三是产品多具有定期开放、差异化手续费的特征，一方面可以满足投资者的流动性需求，另一方面通过提高短期的赎回手续费率等方式鼓励投资人长期持有。

在商业银行发展个人养老理财产品方面，不同银行的发展理念存在较大差异，整体来看商业银行在进入养老领域的开发时间要晚于基金和保险等金融机构，但部分银行前瞻性地预见到养老理财产品的未来发展空间，较早地布局这一领域。经过十余年的发展，当前我国商业银行开发的个人养老理财产品规模已超过千亿元。

具体来看，截至 2020 年 3 月，我国发行养老理财产品的商业银行有 15 家，商业银行理财子公司 3 家，共涉及产品 550 只。[①] 从不同维度进行分析。

（1）产品集中度。养老理财产品的发行集中度较高，在产品市场上，交通银行现存 333 只，占整个养老银行理财产品总数量的 60.5%，是商业银行养老理财市场的主力。在产品增量方面，目前随着各家银行系理财子公司的设立与运营，多家理财子公司均将养老题材的金融产品作为重要开发方向，如交银理财、兴银理财等，预计未来市场集中度会进一步下降，同时银行理财子公司或将成为养老理财的主要发行机构。

（2）产品期限结构。当前商业银行发售的养老理财产品投资平均期限为 628 天，高于同期新发行的封闭式银行理财产品 443 天，因此与其他银行理财产品的需求定位上具有一定差异性。其中，发行期限最长的是"爽银财富金债型养老第 1 期理财产品"，由贵阳银行发行，期限为 30 295 天；发行期限最短的是"安愉养老财富 1 号人民币理财产品"，由兴业银行发行，期限为 29 天。不同期限的理财产品有助于满足客户由青年向老年过渡的跨期资产平滑需求。

（3）产品类型。当前由于处于资管新规的过渡期，保本型产品有 125 只，其余 425 只均为非保本浮动收益型产品。从发行产品的底层资产来看，主要投资品种是债券，风险较低，比较契合养老产品的稳健投资风险，但预期收益率水平一般，根据不同期限结构划分，半年以下的养老理财产品的预期收益率为 3.7% ~4%，1 年左右的养老理财产品的预期收益率基本

---

① 数据来源：Wind 数据库。

维持在 4.0% ~ 4.15%，1 年以上养老理财产品的预期收益率介于 4.1% ~ 5.5%，相对于同期发行的理财产品而言并不具有明显的竞争优势。

（4）产品流动性。当前在产品发行设计方面，为了增强投资者持有长期养老理财产品的吸引力，一般会有产品持有超过一定时间后的赎回或者分配条款，以满足投资者的流动性需求和红利回报需求。比如，光大理财"阳光金养老 1 号"理财产品规定，产品成立满两年后每年分配初始投资份额的 25%；交通银行"得利宝交银久久养老沪"理财产品每季度提供赎回服务，但由于产品一般会对不同持有期限设定不同的赎回手续费，因此有助于投资者提高持有期限。

（二） 养老目标基金发展现状

2018 年，国内基金公司获准发行养老目标基金，这为个人养老投资带来了新的选择。根据证监会发布的《养老目标证券投资基金指引（试行）》中规定，当前我国基金公司可提供的产品主要为目标日期基金和目标风险基金。其中目标日期基金是指，根据投资者生命周期阶段而动态调整资产配置比例，从而达到目标的风险或者收益。目标风险基金则是指，根据预设的风险程度来确定底层的资产配置权重的一类养老基金；对于目标风险，基金公司一般会设置为激进型、稳健型和保守型等风险，特定投资偏好投资者可以选择对应的目标风险进行投资。

从当前养老目标基金的发行情况来看，截至 2019 年底，已成立的养老目标基金共 59 只，合计规模约 170 亿元，共有 37 家基金管理人获批[①]。下面从不同维度进行分析。

---

① 数据来源：Wind 数据库。

（1）产品集中度。当前的产品集中度较低，其中华夏基金和易方达基金获批最多，共有 4 只，汇添富基金、广发基金、嘉实基金和鹏华基金各获批 3 只，其余基金多为 1~2 只获批。由于养老目标基金在国内尚处于发展初期，且政策规定对市场的准入门槛较低①，因此各家基金公司纷纷布局该领域的产品线，但是不排除后期随着各基金公司投资管理水平、风险控制能力、养老需求匹配、产品丰富度与产品营销力度的差异而出现行业集中度提升的现象。

（2）产品类型。当前所发售的 59 只基金中，养老目标风险基金共 26 只，募集资金 100.62 亿元，认购户数 42.7 万户。其中有 6 只持有锁定期限为 3 年，13 只锁定期为 1 年，1 只是 1 年期定期开放产品。养老目标日期基金共 33 只，募集资金 42.53 亿元，认购户数 54.9 万户，其中有 8 只是持有锁定 5 年的产品（7 只为发起式产品），20 只是持有锁定期 3 年的产品（7 只为发起式产品）；当前产品多以距离退休日期 12~31 年为目标而推出的基金，因此针对的主要是投资者年龄为 30~40 岁的群体。

（3）产品配置策略。从养老目标风险基金的资产配置情况来看，主要采取的控制风险方式为，以确定持有资产比例的途径控制基金风险收益特征，也有部分基金采取业界认可的其他界定组合风险的方式，如波动率等。具体来看，在 6 只持有锁定期 3 年的产品中，以确定持有资产比例的方式控制风险的基金，其权益资产的中枢为 50%，以波动率衡量控制风险的基金中，约定的最大回撤为 7.5% 和组合下跌波动为 9.5%；在 14 只持有锁定期为 1 年的产品中，以确定持有资产比例的方式控制风险的基金，其权益资产的中枢为 20%~25%，以波动率衡量控制风险的基金中，控制目标波动率为 5%。从养老目标日期基金的资产配置情况来看，由于受

---

① 根据《养老目标证券投资基金指引（试行）》中对投管人的资质要求，共有 57 家基金公司满足门槛要求，占基金公司总数的 75%。

《养老目标证券投资基金指引（试行）》的约束，我国大多数目标日期的下滑曲线下滑速度整体比较平缓，根据各家基金披露的养老目标日期基金招股说明书，当前国内的下滑曲线主要有 2 种形态和 4 种类型，即曲线型和阶梯型。已发行的目标日期基金在招股说明书中约定了各个时间段的资产配置目标权重与调整范围，允许在适度范围内，结合宏观经济面与资本市场环境，主动调整配置比例，以达到风险收益的最佳平衡。一般设定的权益资产比例为下限低于 10%，而到期日时权益资产的中枢大多超过 20%。

（4）投资范围与收益。从养老目标风险基金的投资范围来看，绝大多数除可以投资公募基金外，还可以投资股票、债券、存款、货币工具等，其整体的平均年化收益率为 4.77%，最高的为 10.27%，大多数基金产品的年化波动率低于 7%，最大回撤不足 5%。从养老目标日期基金的投资收益情况来看，平均年化收益率达到 7.46%，成立以来收益率最高为 8.4%，年化波动均低于 10%，整体运作稳健。

（三）养老保险产品发展现状

商业养老保险是被保险人在满足特定年龄前，投资人按照合同约定采取趸交或期缴的方式支付，使被保险人获得在一定年龄后开始按照固定频率或金额领取养老金直至身故的权益凭证。当前在我国商业养老保险可分为传统型养老保险、分红型养老保险、投资连结型养老保险和万能型养老保险四种。其中，传统型养老保险是指投保人与保险公司约定被保险人在退休前需要交纳的费用，退休后获得的养老金支付期限和金额。分红型养老保险是在传统型养老保险的基础之上，增加每年的红利权益，但在预期收益率方面低于传统型养老保险。投资连结型养老保险的结构设计是将保单收益与保险公司投资业绩相关联，是一种风险较大的养老保险。万能型养老保险的设计特点是缴费方式比较灵活，保险公司一般会提供相应的产品预期收益区间，投资者将缴纳保费放入公司设立的账户后，可以自主选择参与的时间和金额，在获取收益和本金时也可以一次性或分批提取。

商业养老保险的发展率先获得第三支柱个人养老金改革的政策支持。2018 年 5 月 1 日，上海市、福建省和苏州工业园面向缴纳个人所得税的社会公众，实施为期一年的个人税收递延型商业养老保险试点。从试点的产品情况来看，试点地区所推出的商业养老保险主要有三种类型：一是 A 类收益确定型。产品累积期间提供确定的收益率产品，每月结算。二是 B1/B2 类收益保底型。累积期提供保底收益率，同时根据投资情况提供额外收益产品。其中 B1 类产品为月度结算型；B2 类产品为季度结算型。三是 C 类收益浮动型。产品在累积期按照实际投资情况进行结算，至少每周结算一次。从产品的设计原则来看，个人税收递延商业养老保险产品以稳健型产品为主、风险型产品为辅的原则开发，产品设计应该满足"收益稳健、长期锁定、终身领取、精算平衡"的要求。在产品的制度设计方面，保险公司应当按照个人税收递延型商业养老保险业务和资金特点，按照"普通账户"和"独立账户"管理要求，实行分账户的资产配置和资产负债管理。第三支柱个人养老金制度中同时还设置了产品转换条款，投保人在开始领取养老年金前，可以通过中保信平台向保险公司提出产品转换申请，将产品账户价值转移到同一家公司的其他产品或者其他保险公司的养老金产品。

（1）从试点的销售情况来看，银保监会共批准 23 家个人税收递延型商业养老保险经营机构的 66 款产品，其中中国人寿、太平洋保险、泰康养老等 9 家机构的产品覆盖 A、B、C 三种类型产品，20 家保险公司仅销售 A 类和 B1 类产品，14 家机构销售 B2 类产品，12 家公司销售 C 类产品。

（2）从地区承保情况来看，在一年时间内，地区共计完成销售实现保费收入 1.55 亿元，承保保单 4.45 万件，其中上海地区的保费收入与保单件数大幅领先其他地区，市场份额分别达到78%和66%。上海市、苏州工业园区和福建省的件均保费收入分别为4118元、4006元和2201元。

（3）从试点地区的承保产品来看，A类和B1类产品的市场销售份额占据主导地位，合计达到84%；B2类产品的保费收入市场份额最少，仅为4%；C类产品的保费收入市场占比为12%，这一方面与各保险公司的产品发行结构有关，另一方面也体现出认购者的风险偏好较低。

（4）具体从投保人的年龄来看，26～50岁的投保人最为集中，占比高达87%，其中峰值在31～35岁；16～25岁的个税人群占比较小，缺乏养老紧迫感，投保意愿不强；50岁以后的群体，因为临近退休，缴费年限较少，税延的激励作用不明显，故投保意愿同样偏弱。

（5）从行业的竞争格局来看，各家保险公司的产品差异度不大，其区别仅体现在保证收益水平、产品费用和额外给付等方面。根据王增强、孙瑜的相关分析①，当前我国税收递延商业养老保险的头部集聚效应明显，其中中国人寿、太平洋保险、平安养老、泰康养老四家保险公司的保费收入占到全市场的84%。这反映出部分头部企业依托自身的营销体系和品牌形象，在市场中抢占先机，但同时也反映出当前行业发展阶段离成熟的第三支柱个人养老金市场还有遥远的距离。

（四） 其他个人养老资产管理产品发展现状

1. 个人养老保障产品发展现状

目前，保险系在个人养老资产管理的金融产品方面，除了已经纳入第

---

① 董克用，姚余栋，孙博. 中国养老金融发展报告（2019）［M］. 北京：社会科学文献出版社，2019。

三支柱的税收递延型商业养老保险外，还包括养老保障管理产品，经过十年的发展，养老保障管理产品形成一定的存量规模，当前《关于规范金融机构资产管理业务的指导意见》的制度冲击并未对产品增速产生较大影响，其在自身产品开发、渠道建设、互金平台合作均有新的进展。在保险公司和养老金公司所发行的养老保障管理产品中，包括个人养老保障管理产品和团体养老保障管理产品两类，由于团体养老保障产品的认购主体是企业和社会团体，因此不包含在个人养老资产管理的研究范畴，本书只对个人养老保障管理产品情况作重点分析。

区别于个人商业养老保险，个人养老保障管理产品一般设有不同的投资组合，在投资选择上更为灵活，但在产品功能上不具有风险保额性质；在计提原则上，只需计提风险准备金而无须计提保险责任准备金。当前个人养老保障管理产品面向个人投资者发售，封闭式和开放式产品的起购门槛分别为 1 万元和 1 000 元，认购途径可以通过官网直销、银行和互联网代销途径购买。当前个人养老保障管理产品规模占行业总规模的 95%，远超过团体养老保障管理业务规模，截至 2018 年底，合计业务管理规模为6 133.43 亿元。当前个人养老保障管理产品市场的集中度较高，其中国寿养老、建信养老、平安养老占全市场的 82% 以上，从产品的发售与增长情况看，由于开放式个人养老保障管理产品认购的灵活性，因此在近年来规模逐步攀升，占 2018 年全年个人业务总规模的 90% 以上①。

2. 养老信托产品发展现状

养老信托产品主要是指委托人将财产委托给信托公司，信托公司作为受托人履行勤勉尽职责任，按照委托人的意愿为指定受益人实现养老目标。其养老信托产品主要包括以下方面。

---

① 《2022 年中国养老保障管理行业分析报告》，中国保险行业协会，2022 年 1 月。

（1）养老金信托。委托人依据自身或家庭成员的养老需求，将财产交付给信托公司，并参与到养老金集合信托，或设立单一养老金信托，信托公司对其资金和财产进行管理，并为委托人设计特定的养老保障计划，以满足受益人养老资金需求和养老服务需求。

（2）养老消费信托。信托公司通过与养老服务机构合作，实现投资者在购买养老消费信托后能获得家政、护理、紧急救援等服务和保障。由此可见，养老消费信托的目的不在于资金增值，而在于让投资者获得消费权益和养老服务。

第二节　我国第三支柱个人养老金产业空间预测

（一）　个人养老资产管理行业发展驱动因素分析

1. 经济增长

从世界各国情况来看，养老资产管理市场的主要驱动因素是经济增长，通过经济增长推动资本品价格的上升，继而带动存量资产增值。经济增长提高了全社会的存量财富水平，但从实证研究结果来看，由于经济社会财富创造模式以及社会分配方式的异质性，经济增长的速度可能滞后财富的增长速度。另外，奥利弗（Oliver，2013）的研究指出，金融深化过程中，也就是人均 GDP 的增加与储蓄率和私人金融资产的增长比率存在非线性的作用机制，这意味着相同经济增长条件下由于社会财富分配模式可能会对财富增加产生加速机制。从当前中国的现实情况来看，虽然当前我国经济发展进入了中高速增长的高质量发展阶段，但是前期长期的高速增长基础以及当前金融深化程度偏低的现实条件，使未来我国养老资产管理市场仍然有巨大的增长空间。此外，在全球经济日益一体化和相互依存的背景下，在养老金产品的大类资产全球配置情景下，各国的个人养老资产管理规模会受到其他区域 GDP 增长的影响。

2. 资产价格

资产价格对养老资产管理市场具有直接性的影响。公开市场的增长与资产增值具有直接关联，因此资产增值也一直都是养老资产管理市场规模增加的重要动力之一。如 2020 年初，受中东石油政策的冲击以及新冠疫情在全球蔓延的影响，美国股市出现历史罕见的大幅下挫，从各家养老资产管理产品的业绩披露来看，均出现了不同程度的回撤，对社会养老财富产生较大的影响。另外，在养老资产管理投资标的中，部分不流动和难以度量的资产的增值虽然经常被忽视，却可以为养老资产管理市场贡献相当大的增量空间。

3. 财富分布状况

财富的分配状况是影响养老资产管理市场规模的另一重要因素。养老资产管理需求只有收入在超过基本生存水平的一定程度之后才会发生。从这个维度来看，在同等财富水平下，社会收入分配的不均等程度越高反而有可能形成更高的养老资产管理市场规模，而财富的平均化往往会产生更高水平的消费倾向和更低的储蓄总量，因此流向养老资产管理市场的规模会相对较少。另外，影响财富分配状况的因素也会影响养老资产管理市场的结构，如行业回报率差异、税收政策等。其中在税收政策对养老资产管理行业的发展作用定位方面，应当考虑到财税政策对社会收入分配的调节功能，对第三支柱个人养老资产管理行业与非制度个人养老资产管理行业设置不同的税收激励政策，找到养老资产管理规模提升与社会收入分配最优的多目标最优解。

4. 人口因素

社会人口结构是影响养老资产管理市场最重要的变量因素，人口的年龄、性别等结构会通过多种渠道影响社会养老资产管理规模。从全球人口结构情况来看，世界主要发达经济体在进入老龄社会后，受人口寿命提升影响，在预期退休和医疗保障支出增加的背景下，个人客户为养老而储蓄的需求会出现上升，从而使个人养老金资产规模上升，养老资产管理机构的资产管理规模显著增长。从历史经验来看，无论是美国的 401（K）和 IRA，还是澳大利亚的超级年金以及智利的养老金，其发展历程中均出现了上述情况。但是随着人口老龄化程度的进一步加深，养老金支出的需求显著增加而储蓄减少，继而会使养老资产管理公司的流出资金小于流入资金，造成资产规模的下降。目前，养老资产管理市场成熟国家，诸如美国、日本和大部分欧洲国家，在人口老龄化程度加深后，均出现了资产管理行业的新增资金规模下降的问题。此外，社会人口结构中性别比例、风险偏好以及人均受教育水平均会影响到养老资产管理的规模。

5. 地域因素

地域因素对个人养老资产管理行业的影响主要体现在资产管理市场基础条件，如底层资产的多寡。在不同区域的资产管理市场中底层资产存在不同的约束，如较小规模的金融市场受限于市场容量，养老金在投资管理过程中为了实现风险与收益的平衡，往往需要在更广的区域中实现资产分散。如中国台湾的保险业受区域资产市场空间有限、投资回报低、市场透明度低等问题，使其资金投资组合中境外资产占比超过50%。另外，区域市场中底层资产的发达程度也会影响资产管理机构的业务选择，如美国的证券市场有效性较强，使被动投资成为主流；澳大利亚的基础设施融资和PPP发展模式为养老资产管理投资基础设施提供了土壤。

6. 监管环境

监管环境不仅决定了养老资产管理机构的竞争态势，更是资产管理机构的行业格局以及资产管理市场繁荣程度的决定性影响因素。在对投资者利益保护更强的监管体系下，资产管理业的发展以及个人养老金市场的发达程度更高。与资产管理相关的监管制度主要包括产品结构（可投资产范围、投资集中度、杠杆约束）、风险管理（风险管理功能、流动性要求、赎回管理等）、业务行为（运营要求利益冲突防范等）、信息披露（透明性、约定披露事项等）。在分业经营监管模式下，一般有助于独立型资产管理机构的发展，如美国长期以来在分业监管的模式下，独立性资产管理机构大行其道，直到20世纪90年代末开始混业经营以来，银行系资产管理机构才迎来发展机遇。

7. 投资者偏好

通常情况下，由于投资者对于本土市场的了解程度更高，且负债以本币计价为主，使投资者行为中存在本土偏好和区域偏好。因此投资者的偏好直接影响到市场的供需格局，其资产结构的调整也会影响养老资产管理市场的格局，如在资产管理行业中，被动投资、另类投资和目标收益型基金都是基于迎合投资者偏好所创设的资产管理品类。个人投资者的投资偏好会受到历史、政治、经济和文化等多方面因素的影响。比如，美国权益市场"牛长熊短"的格局和交易的便利性，使个人投资者偏好于配置权益类产品；欧洲市场则由于以银行为主导的间接融资金融体系使欧洲居民对债权类资产的配置偏好较多；日本由于股票市场20多年来的熊市和低利率下的流动性陷阱，使日本个人投资者在货币市场金融产品与存款的配置较多。而个人投资者对于资产配置的偏好与风格会影响个人养老金产品的预期收益以及配置策略，一般而言，在尚未进入支付期的养老基金投资期限较长，可以忍受较大的回撤和波动及重视长期收益，使其投资偏好权益类资产；但当养老基金进入集中支付期，认购者的风险偏好下降，受此影响，资产管理基金的投资风格偏好于债券和现金等价物等回报稳定、流动性好的资产标的。

8. 技术因素

技术因素一直是推动资产管理以及养老资产管理行业发展的主要动力。技术创新能够诱发金融创新，这使技术变革对金融业的影响具有不可逆性。长期以来，技术进步在推动机构运营结算和风险管理方面发挥了巨大作用，有效地扩大了规模经济的边界范围，使养老资产管理领域引致了市场集中度的提升和全球经营的格局。当前，随着云计算、大数据、人工智能、区块链等信息技术在金融领域的不断渗透与融合，金融科技（fin-tech）概念应运而生。金融科技在养老资产管理领域，对销售、投资管理、风险管理、运营结算、客户服务等环节都产生了深远的影响，不仅带来了效率的提升，还显著地拓展了养老资产管理的服务边界。

（二） 基于老龄消费视角的养老资产管理市场空间预测

对于个人养老资产管理规模的市场空间预测，当前并无直接相关研究。一方面，由于我国第三支柱个人养老金体系发展的滞后，导致家庭部门当前的个人养老金与家庭储蓄之间并无严格的界限划分；另一方面，受第一支柱政府养老金可持续性不足影响，未来养老金替代率水平对个人养老资产管理储备规模存在较大影响，从既有的研究进展来看，当前对于养老资产管理市场的预测主要是从老龄消费规模或者老龄产业市场规模的角度进行分析的。比如朱国宏（2017）、陆杰华（2018）等在考虑到影响老龄消费的控制变量情况下，利用美国、日本等国家老龄市场与消费市场的比值关系，基于我国的人口老龄化情况，预测了 2020~2050 年我国的老龄人口消费规模。金晓彤（2012）在预测老龄人口消费时，采取了二次指数平滑的方法。陈俊华等（2015）在分析我国老龄产业市场规模过程中，运用系统动力学模型进行动态模拟与预测，其中养老市场的均衡系统由老龄市场需求、老龄产业供给、老年人口数量和老龄产业投资规模四个系统组成。对养老资产管理市场空间的预测，首先，需要立足于未来养老消费市场的需求情况；其次，在此基础之上，控制影响养老资产管理市场规模的影响因素，建立个人养老金市场发达国家的养老消费需求与养老资产管理的面板回归分析模型，并得到相关的系数；最后，利用相关系数推测我国未来的养老资产管理市场空间。

1. 我国养老市场需求空间预测

在养老市场消费需求分析中，本书借鉴崔凡等（2015）对社会养老需求的分析思路，将未来人口消费规模衡量，在划分为未成年人口、劳动力人口和老龄人口的基础之上，统一折算为劳动力人口的标准消费人口。折算比例系数设定为"未成年人口∶劳动力人口∶老龄人口 =0.7∶1∶0.7"，并且假定这三类人口在未来的平均消费倾向保持不变。其消费系数与消费数量分别为：a_1、a_2、a_3，和 N_1、N_2、N_3。根据计算，2020 年我国标准消费人口为 12. 52 亿人，其中 16 岁以下未成年人口为 2. 49 亿人，60 岁以上人口为 2. 53 亿人。受少子化以及人口老龄化的加速发展，标准消费人口规模目前已越过顶点进入下降通道之中，到 2050 年标准消费人口可能较 2020 年下降 2 亿人，达到约 10.35 亿人。[①]

由于市场消费需求与收入水平关联性最高，随着当前中国经济进入高质量发展阶段，经济增速的放缓使对应的收入和消费水平的增速有所下降，从长周期来看，消费支出呈现出弱化指数增长。因此本书参考崔凡（2015）的分析方法，采用灰色 GM（1，1）模型对消费市场进行预测。其模型理论如下所示：

设序列 $X^{(0)} = \left[x^{(0)}(1), x^{(0)}(2), \cdots, x^{(0)}(n) \right]$，$x^{(0)}(k) \geqslant 0$；$X^{(1)}$ 为 $X^{(0)}$ 的 $1-AGO$（一次累加生成序列）序列：

$$X^{(1)} = \left[x^{(1)}(1), x^{(1)}(2), \cdots, x^{(1)}(n) \right], x^{(1)}(k) = \sum_{i=1}^{k} x^{(0)}(i) \tag{8-1}$$

则：$x^{(0)}(k) + ax^{(1)}(k) = b$ 为 GM（1，1）模型的原始形式，其实质是一个差分方程。其中参数 a、b 可以用最小二乘法估计。

$\dfrac{\mathrm{d}x^{(1)}}{\mathrm{d}t} + ax^{(1)} = b$ 为 GM（1，1）模型的白化方程，也叫影子方程。白化方程的解也称为时间相应函数：

$$x^{(1)}(t) = \left(x^{(1)}(t) - \frac{b}{a} \right) e^{-ak} + \frac{b}{a} \tag{8-2}$$

GM（1，1）模型的时间响应序列为 $x^{(1)}(k) = \left(x^{(1)}(k) - \frac{b}{a} \right) e^{-ak} + \frac{b}{a}$，还原值为 $x^{(0)} = x^{(1)}(k+1) - x^{(1)}(k)$。

根据预测模型分析，2025 年我国的居民消费支出规模见表 8-2，以 2020 年的不变价格核算，2030 年我国的居民消费支出有望达到 42.57 万亿

[①] 人口模型预测数据参考《国家人口发展战略研究报告》。

元，2040 年达到 59.87 万亿元，2050 年达到 84.20 万亿元。未来，随着人口老龄化和少子化对人口结构的双重影响，由于人口结构的变迁进一步影响到消费需求以及消费结构，进而影响到未来的投资结构和产业结构。根据上述居民消费的人口总量预测数据以及老龄人口的标准消费理论，可以推算出未来老龄人口的消费规模。从表 8－3 可以看出，2030 年我国的老龄人口消费支出约 7.51 万亿元，占消费总额的 21.35%；2050 年这一数据有望分别达到 20.97 万亿元和 30.14%。

表 8－2　　　　　　　　　　居民消费支出预测　　　　　　　　单元：亿元

年份	居民消费支出	年份	居民消费支出
2020	302 688.36	2036	522 343.0114
2021	313 188.4468	2037	540 462.8016
2022	324 052.8174	2038	559 211.9192
2023	335 293.5742	2039	578 610.9385
2024	346 925.2402	2040	598 682.8541
2025	358 959.9179	2041	619 450.6607
2026	371 412.1301	2042	640 938.5631
2027	384 295.1896	2043	663 173.1868
2028	397 627.25	2044	686 177.5263
2029	411 420.4138	2045	709 980.6277
2030	425 692.8347	2046	734 610.3265
2031	440 459.0357	2047	760 093.2481
2032	455 738.3805	2048	786 460.8589
2033	471 547.8127	2049	813 742.2048
2034	487 905.486	2050	841 971.1726
2035	504 830.7643	—	—

资料来源：模型预测分析结果。

表8-3　老龄人口消费支出预测

单位:亿元

年份	总人口(人)	60岁以上老龄人口(人)	标准消费人口总数(人)	标准消费老龄人口(人)	标准人口消费水平(亿元)	老龄人口消费支出(亿元)	老龄人口消费占比(%)
2020	1 394 233 153	260 970 915	1 247 899 521	182 679 641	20 042	36 613	14.64
2025	1 397 899 335	312 367 711	1 240 214 459	218 657 398	23 915	52 293	17.63
2030	1 383 359 426	370 742 210	1 215 581 424	259 519 547	28 936	75 095	21.35
2035	1 355 836 641	411 065 499	1 182 862044	287 745 849	35 265	101 472	24.33
2040	1 318 633 513	420 991 021	1 145 890 127	294 693 714	43 170	127 219	25.72
2045	1 271 637 050	425 204 712	1 098 530 651	297 643 298	53 402	158 949	27.09
2050	1 213 814 096	445 933 304	1 035 771 838	312 153 313	67 168	209 666	30.14

资料来源:模型预测分析结果。

2. 我国个人养老金市场空间预测

从养老资产管理的市场空间来看，2017 年在人社部等部委的积极推动下，我国第三支柱养老金成为养老资产管理市场的新增长极。从我国个人养老资产管理规模的新增和存量转换两个角度进行预估，其中在新增环节，在综合考虑到当前既有的个人资产管理产品特性、个人养老储蓄意愿与税收递延效果等因素情况下，预测第三支柱全面落地后每年增量规模在 2000 亿元左右①。对于存量转换部分，本书通过对 OECD 国家社会养老金规模与养老支出和人口老龄化三者因素之间，建立考虑到内生影响机制的动态面板回归模型，通过回归模型分析显示，我国存量养老金对养老消费的影响系数约为 0.375，结合对未来养老消费的预测，按照不变价格，2050 年我国的社会养老资产管理市场规模约 40 万亿元水平，剔除掉当前养老金第一支柱以及第二支柱的规模合计约 7 万亿元，未来我国个人养老资产管理规模的市场空间约为 33 万亿元。其中，资产转换源主要来自家庭部门所购买的银行储蓄、理财、信托计划、房地产等金融产品或准金融投资性产品中用于养老储备的部分。

---

① 数据来源于《中国养老金调查报告 2017》。

第九章　个人养老金市场产业竞争格局与机构战略选择分析

第一节　我国个人养老金行业产业链分析

养老资产管理行业可以视为资产管理机构在养老这一特定领域的展业，因此养老资产管理机构具有与普遍意义上的资管机构相同的特征，它是资本市场重要的买方，与投资银行等卖方，经纪公司等中介机构以及银行、保险公司等负债经营机构在许多方面具有本质区别。首先，养老资产管理遵循委托代理原理，养老资产所有人作为委托人与作为受托人的养老资产管理机构签订委托投资合同，养老资产管理机构不是资产所有者，资产的所有权仍归委托人所有。受托人在代理权限内管理养老资产的后果由委托人承担，养老资产管理机构作为资产所有人的代理人，对客户承担受托责任，并按照约定的方式收取管理费。其次，养老资产管理公司在代表委托人利益从事投资交易活动时，其间发生的负债的所有人主体仍然是委托人①。再次，养老资产管理机构代客理财，要求其必须勤勉尽责，具有完善的风险管理能力和专业审慎的投资判断能力，并接受严格监管，以充分保障客户利益。最后，养老资产管理机构的收入主要来自管理费、业绩报酬和利润分成。其中管理费的费率、组成以及提取条件一般在产品发起时通过制度条件进行约定，为了发挥养老资产管理产品的跨期储蓄配置功能，一般会规定约束性的产品持有时间，或对持有时间设置差异化的提取费用，持有时间越久，其提取费率越低，因而这与一般资产管理产品相比，具有更强的稳定性。而业绩报酬和利润分成，则主要取决于资本市场表现和管理人能力。对于多数养老资产管理机构而言，收入主要以管理费收入为主、业绩报酬为辅。

具体从养老资产管理行业的经营特征来看，其特征主要表现为以下方面。

（1）盈利能力较强。一般资产管理行业的盈利能力高于银行、保险等金融业态。盈利能力主要体现在企业的股本回报率（ROE）上，影响ROE的因素主要是净利润率和股东权益。首先，资产管理行业的净利润率较高，一般能够高达20%左右，虽然养老资产管理行业由于受投资策略的约束，略低于平均水平，但是仍然好于大多数金融业态的盈利能力。其次，与银行或保险相比，资产管理是轻资本行业，较低的资本需求使资产管理机构的ROE高于资本消耗较重的商业银行、证券公司以及保险机构等。

（2）现金流稳定。资产管理行业的盈利来源主要为管理费，相对于银行业的息差收入、券商的经纪业务收入和保险的利差收入，具有更为稳定

---

① 在这一点上信托关系与委托代理关系不同。

的收入来源,受宏观经济的周期性以及交易收入的波动性影响更小。而且养老资产管理机构在现金流的稳定性方面表现更好,由于托管资产主要以中长期养老金服务为主,因此它较其他托管标的具有更高的客户留存率与收入的确定性。

(3) 高估值。资产管理机构通常具有高于其他金融机构的特性。根据麦肯锡的研究发现,1994~2018年,无论是熊市还是牛市,美国资管公司的 PE 数值均值都是 18 倍,长期高于银行和保险等金融机构的 14 倍和 12 倍均值。这反映出市场对资产管理行业未来增长的前景看好。可以预见,未来随着我国财富总量的不断增长,以及国内人口老龄化和政府养老金替代率的下降,长期来看个人养老金的投资需求增长比较客观,个人投资者在养老资产结构中的配置调整也会产生庞大的金融资产管理需求。

(4) 协同效应强。就资产管理行业的发展格局来看,无论是国内还是国际,纷纷将资产管理行业作为重点战略布局和核心业务板块之一,其主要原因就在于资产管理行业能够在负债端更好地拓展优质资产和客户,在资产端能够在产品开发和销售等领域产生协同作用。

从养老资产管理行业的盈利特征来看,其盈利模式比较简单,与一般意义的资产管理机构相同。其中,收入来源主要有基础管理费和业绩报酬,也有部分收入产生于资产管理服务过程中,诸如提供解决方案及咨询服务收取的咨询费用、代销其他机构产品的佣金收入等,但养老资产管理机构的主要收入仍以前者为主。其中,基础管理费是养老资产管理机构中最主要的收入来源,它通常基于管理养老资产的价值,在提供管理服务的每期结束时被收取和确认。业绩报酬收入一般在主动管理能力突出的机构收入中占比较高,它是基于超过某些基准业绩目标的程度和约定的提取比例来收取的。养老资产管理行业的成本可以按照管理职能划分成本结构,由于国内的养老资产管理公司目前的市场化运营体系尚在发展和探索过程中，因此本书以美国养老资产管理公司的成本结构为例进行介绍。一般而言，美国的养老资产管理类公司投资成本占比最好，平均水平超过 30%；销售与营销成本占比次之，约为全部成本的 20%；运营与科技及法律、合规与风险的成本总计占 20% 左右，管理、行政成本合计约占不足 10%。在上述成本中，销售与营销成本主要来自养老金渠道维护、拓展和对客户的促销，其中多数为供给代销渠道或者销售代理的佣金支出，此外还有销售人员的薪酬支出。运营与科技成本主要为支持养老资产管理业务基本运行所支出的费用，其中值得注意的是，由于统计数据存在一定的滞后性，随着金融科技应用边界的不断拓展，当前的科技成本支出已不是单纯为提供企业 IT 系统、线上销售等科技金融领域功能，而是拓展至大数据风险管理、标准化流程审批、用户画像生成、精准营销等金融科技领域的应用，这也使当前养老资产管理公司中科技成本支出的不断提升成为一种确定性趋势。法律、合规与风险的成本主要投向风险管理板块，满足资产管理机构在投资、销售过程中的风险管理需求，主要是系统建设和人员薪酬支出。通过对养老资产管理行业的收入、成本分析，可以观察到，养老资产管理行业存在一定的规模经济，养老资产管理规模的适度扩大会降低成本。但与其他规模经济类似，规模经济存在的边界一旦突破，规模经济的成本节约效应就不存在了。其中，规模经济存在的基础主要是中后台的服务成本分摊，其中根据麦肯锡的研究显示，规模经济在总体上存在，但是在运营与科技领域中并不明显。

第二节 个人养老金产业竞争格局分析

（一） 国外养老资产管理行业的集中度情况

由于养老金制度体系、人口老龄化程度和资本市场完善程度等因素的差异，不同于我国，国外许多进行养老金转轨改革的国家，其个人养老资产管理市场大多经过了较长时间的充分竞争与发展，个人养老资产管理行业的市场集中度以及竞争格局基本较为稳定。在这里，以美国的个人养老金市场为例进行介绍和分析。美国的个人养老金制度从创立到转轨改革、市场发展，至今已有 80 余年的历史。当前美国的养老金三支柱体系主要由社会保障金、雇主养老金计划与个人养老储蓄计划构成。其中第三支柱个人养老金主要由商业养老保险和个人退休账户中的 IRA 账户构成（如图 9 – 1 所示）。

自从 20 世纪 70 年代美国个人养老金计划改革完善后，其养老金资产规模得到了飞速的发展，其中 1975~2000 年是增速最快的时期，主要贡献来自第三支柱的 IRA 和第二支柱企业养老金中的 401（K），截至 2018 年底，美国退休市场的总资产规模达到 27 万亿美元之巨，占 GDP 的比重为 147%。从当前美国养老资本管理市场的市场产品集中度来看，集中度占比较高，其中头部的个人养老产品瓜分了绝大部分的市场份额，规模排名前 5、前 10、前 30 和前 50 的养老产品规模合计分别占到全部养老资产管理市场规模的 19.87%、31.81%、46.97% 和 71.88%。规模排名前 10 位的

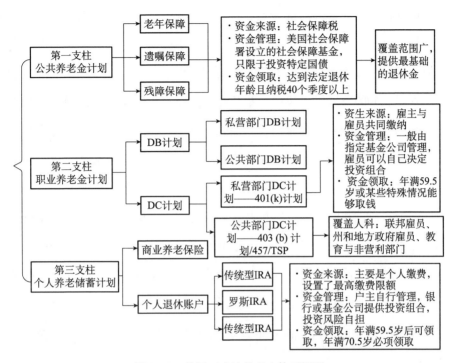

图 9 - 1 美国三支柱养老金体系概况

产品分别集中于 5 家公司，它们分别是：先锋基金（Vanguard）、恒康人寿（John Hancock）、富达投资（Fidelity）、安盛集团（AXA）、杰信人寿（Jackson National Life）；规模排名前 30 的基金分别集中位于 8 家公司，除上述 5 家外，还有马萨诸塞州金融服务公司（MFS）、摩根大通银行（J. P. Morgan）以及信安保险（Principal）。另外，从各公司管理的个人养老资产管理产品的规模来看，排名前 5 的同样也是先锋基金、恒康人寿、富达投资、安盛集团和杰信人寿，其发行的产品规模合计占到全市场的 55%。

从市场集中度分析可以看到，当前美国的个人养老资产管理产品市场集中度在统计学意义上呈现出尖峰厚尾的特征。这一特征与资产管理行业的市场集中度相似。近年来，被动投资策略受到追捧，整个市场的集中度大幅提升，从行业细分情况来看，在公开市场的标准化产品的投资领域，由于管理具有较大的规模效应，因此市场集中度相对较高，但在另类投资领域，受单个投资项目投资规模的限制，其行业集中度较小。从当前养老资产管理业务的发展情况来看，养老资产管理业务呈现出"大而强 + 小而美"相结合的行业格局。其中"大而强"的企业主要受益于养老金产品的投资标的管理策略具有较强的规模效应属性，叠加近年来被动管理策略的大行其道。头部的养老资产管理公司在长期竞争过程中，积极利用自身的规模优势，通过并购等形式不断提高自身的养老金管理规模，从而使行业集中度维持较高水平。但是，由于在个人养老金领域，个人养老金产品带有较强的产业属性，其对特定群体风险偏好的匹配程度、对接的养老服务个性化设计、对目标客户的营销能力等差异，使市场上存在大量"小而美"类型的企业，从而为满足群体的差异化个人养老金管理需求提供了支撑。

按照产业经济学的观点，行业集中度是决定市场结构最基本、最重要的因素；养老资产管理市场的集中度较高，其尖峰特征应该属于寡头垄断市场。但如果结合其厚尾特征，实际上当前养老资产管理行业是一个高度竞争的市场。这主要是因为：首先，养老资产管理市场中供应者数量众多，参与养老资产管理服务的机构不仅有独立的基金公司，还有银行、保险等机构的资产管理公司。其次，从服务的差异度来看，除了部分精品店类型的养老资产管理公司具有一定的产品定价能力外，多数养老资产管理公司的服务具有较强的替代特征，通过对养老金托管收费是行业通常采取的盈利模式。最后，行业的进入壁垒不高，目前主要国家虽然对养老金市场的准入门槛要高于一般意义上的资产管理公司，但从行业的基础设施和对投资管理者要求来看，并不具有绝对的稀缺性。

（二）　国内养老资产管理行业的集中度情况

由于我国第三支柱个人养老金改革的实施时间较短，可比较的产品较少，在此我们以养老理财、养老保障产品和养老目标基金产品作为分析比较的对象。从国内的集中度情况看，当前市场中的养老管理产品主要以养老保障类为主，占到市场的80%以上份额；其余为银行养老理财，占市场份额15%以上；养老目标基金由于发展时间最短，市场占比份额不足5%。因此从市场集中度来看，市场集中度较高，行业头部企业均为保险公司，可比较分析的意义不大。另外，即便从资产管理行业市场的行业集中度来看，在过去分业监管的背景下，部分行业信息的披露主要来自行业监管机构或自律组织发布的统计数据，在一定程度上缺乏可比性，另外部分行业中的金融机构对自身资产托管规模鲜有披露，因此在衡量过程中难免存在偏误。从既有的数据可知，当前分行业来看，资产管理行业中信托业和保险资产管理业的市场集中度较高；公募基金和基金公司及子公司专户业务、证券公司资产管理业务的市场集中度同样较高；只有私募证券投资基金的市场竞争更为充分，集中度相对较低。

从当前养老资产管理市场竞争格局的形成原因来看，主要可以归结为以下原因。

（1）改革开放以来，我国养老金制度改革的重点是建立具有广覆盖、保基本的第一支柱公共养老金和全国统筹的公共养老金账户体系，长期以来对第三支柱个人养老金制度的发展重视度不足，直到近年随着人口老龄化的加速发展，公共养老金出现可持续性不足的问题，这一领域的发展才受到决策层面的关注。

（2）我国资产管理行业的兴起，主要来源于我国货币政策流动性宽松叠加利率市场化中非对称式渐进改革，资管机构借助刚性兑付和资金池业务，以略高于银行储蓄存款的成本获得低廉的"负债"，并在市场化条件下通过授信业务，获得远超过传统资产托管业务的利润回报。因此，受托资金来源的丰盈以及盈利模式的同质化，使资产管理机构难以有动力去开发特定领域客户，如养老金市场。

（3）受传统文化和制度的影响，长期以来我国居民部门并无严格区分养老资产与储蓄资产的习惯。此外，自1994年以来我国推进的住房商品化改革，住房的金融属性随城镇化率的提高被不断放大，成为家庭部门投资回报最高的金融产品。居民财富配置过度集中于房地产商品，因而对养老资产管理产品缺乏吸引力。

（4）在产品设计方面，由于缺乏政策支持与倾斜，个人养老资产管理产品在封闭期限、投资范围等方面的约束较强，使其较之于一般的资产管理产品具有明显的劣势，这也使个人养老资产管理产品缺乏特色，同质性较强，继而造成市场的发育和竞争不充分。

（5）在当前的政策支持方面，仍然弱于预期，如全国个人养老金账户体系尚未建立，第三支柱个人养老金产品仅有商业养老保险一种产品，税收递延效果较弱等。

第三节　个人养老资产管理公司的价值链分析

与资产管理公司类似，养老资产管理公司的价值链可以分为销售、生产（投资管理）和管理（中后台服务）三个环节。其中，销售是获取养老金和目标客户的过程，生产主要是养老投资管理和提供养老金产品服务的过程，管理主要是服务生产和宏观协调的过程。

养老资产管理公司的工作涉及众多环节，按照功能主要可以划分为前台岗位、中台岗位和后台岗位。

（一）　前台工作职能

前台工作主要涉及养老产品的投资管理、交易实施和市场销售。

1. 养老金销售

养老金销售是获取客户与资金的过程，也是资产管理工作的起点，没有客户与资金，资产管理无从谈起。养老金的销售工作首先需要分析市场环境，对当前的政策趋势、人口老龄化形势以及客户的购买力等方面进行评估，判断未来的市场空间格局以及未来的个人养老金增长趋势；其次要评估机构自我的优势与劣势，确定目标客户和市场，未来开发的产品类型与展业路径；最后是确定营销策略，实现客户需求与自身供给的匹配，并最终获得客户与资金。养老金的销售不仅需要管理产品和销售，也需要规划养老金的销售渠道、销售计划、管理组织运行体系、销售结果的衡量以及奖惩政策。

2. 投资管理组合

投资管理环节包括计划、执行和反馈三个环节，其中在计划环节主要包括确定养老金管理的目标和约束、形成资本市场策略判断、自上而下制定养老资产的战略配置和战术配置。在投资管理执行环节主要有养老金资产的组合选择与构建、资产组合的实施等。反馈环节主要是业绩评价与归因，组合风险监控与调整。在投资管理环节领域，价值链核心节点有以下内容。

（1）资产配置。资产配置策略是决定养老金投资组合业绩差异的决定性因素，也是金融资产投资的关键环节。养老资产配置主要是根据资产负债约束和养老金产品的风险约束以及下滑轨道，同时结合大类资产未来的走势判断，综合决定机构资金如何在可投资的资产类别间进行分布。资产配置的核心是寻找投资与收益的平衡点，根据对资产表现的识别期限不同，资产配置可以划分为战略资产配置和战术资产配置两类。其中战略资产配置是指投资者的长期投资目标和政策，主要为确定各个大类资产的投资比例，这种最佳长期的投资组合一旦确定，将维持相对较长时间。具体而言，战略资产配置主要包括以下几个方面。首先，明确可投资的资产类别，预测各类资产的收益率和协方差矩阵。其中常用的预测方法有趋势外推法、情景分析法和量化分析法。其次，对负债方进行约束分析。主要是对不同属性的养老金的特征建立完善的分析框架，对负债的约束进行深入的刻画。再次，利用优化模型获得优化结果。常用的优化模型包括均值—方差模型、BL 模型、风险评价模型等。最后，确定最优组合。根据养老金管理的目标、历史、偏好、限制以及其他因素通过压力测试等手段，确定某一资产的配置方案并执行。战术资产配置，主要是对短期风险和机会作出的资产配置调整。其资产配置过程与战略资产配置类似，但主要集中于短期展望分析。在显示操作中，战术资产配置策略大多通过对宏观经济形势和各类资产的相对收益表现的分析来制定，如"美林时钟"的分析方法。

（2）组合构建。在组合构建中存在多种分析思路，但主要可以划分为主动投资和被动投资两类。其中被动投资主要依靠分散的投资于一些资产类别的指数，从而获得与指数相匹配的投资收益；主动投资则是利用可获得的信息和预测技术，力图获得超越市场的超额回报；在当前在养老金管理领域，被动投资策略占比较高。从资产属性来看，组合构建的资产有股票投资组合的构建和债券投资组合的构建；在资产组合构建方面，国外的养老金产品中权益资产的构建比重要远超过国内的养老金产品。其中，股票投资组合的构建可以有自上而下和自下而上两种方法。其中自上而下通过宏观经济的判断与发展趋势的考量，筛选未来经济发展收益行业或地区，进而决定投资组合在行业、区域的资金分配，在此基础上，再进一步具体分析所涉及的行业与区域中表现更好的个股。而自下而上的分析策略主要是关注个股分析，通过筛选具有某些特征的企业，如低估值、高成长等类型企业。债券投资的策略通常也会包括主动投资和被动投资两类。其中被动投资策略主要是做指数匹配，相对于股票市场而言，由于债券的流动性较差，债券到期更替导致指数不断变化，使债券指数的复制难度要大于股票投资。在实际应用中主要采用抽样法等方法来复制实现。固定收益组合的投资收益来源可以划分为择时、择行与择券。

（3）交易管理。交易管理负责对交易指令的确认和执行。一般情况下，资产管理机构实施集中交易原则，可以有效控制交易风险。交易通常可以划分为权益交易和固收交易两大类。其中权益交易负责境内外交易所股票买卖、场内外基金的申购赎回，也负责 IPO、定增、转债、大宗、配股等资产的报价和申购。固收交易主要负责资金交易（回购、同业存单和外汇交易）和现券交易（利率债和信用债分销、上市交易和二级市场债券交易）。

（二）　中台的主要职能

1. 养老金产品管理

养老金产品管理的主要职能是产品开发和产品的日常管理。养老金产品作为个人养老资产管理公司发展的灵魂，是养老资产管理服务机构提供服务最重要的载体，也是连接投资与销售的桥梁。其产品设计的质量高低将直接影响其未来的销售业绩与品牌声誉，也是区别于竞争对手的核心竞争优势，是实现扩大资产管理规模最有利的工具。在养老金产品的开发环节，需要结合当前养老资产管理机构的发展战略、产品规划、竞争优势、市场时机、客户需求、竞争态势等情况综合考虑。养老金产品的开发过程可以划分为思路形成、思路筛选、概念开发和测试、营销策略开发、商业环境分析、产品开发、市场测试、商业化与产品投放等领域内容。

产品的日常管理则主要包括三类主要工作：一是与客户和监管相关的例行事务，包括申购赎回、信息披露、分红、清算、监管报备等内容；二是产品生命周期中调整管理，包括产品的淘汰、产品线的调整与完善、不同周期产品的组合与优化等内容；三是产品售后的考核评估，包括产品所取得的实际销售量及变化、产品的市场份额及其增长、产品实现的实际利润及变化、产品的业绩表现等。

2. 养老金风险管理

养老资产管理机构的风险管理主要包括对自身风险的管理和对所投资管理资产的风险管理。由于个人养老金是个人的养老储备资产，因此其资产的安全性受到尤其的关注，其管理能力也是养老资产管理机构的立业之基。从所管理养老金的风险类型来看，养老资产管理公司的自身风险有战略风险、操作风险、法律风险、合规风险、声誉风险、新业务风险等内容。而所投资资产的风险主要有市场风险、流动性风险、信用风险等内容。

3. 绩效评价

绩效评价指的是对投资管理决策结果的衡量与评价，是对投资管理的反馈和控制机制，可以推动投资政策的贯彻和执行。在绩效评价环节，包括业绩衡量、业绩归因和业绩评价三个部分。其中业绩衡量过程是对投资组合收益率进行计算；业绩归因是通过对业绩结果与衡量基准的比较，得到收益的来源与权重；业绩评价则是指对投资经济的投资技能进行评价。

（三）后台的主要职能

1. 运营管理

在运营管理环节主要的工作内容包括账户管理、注册登记及资金清算、投资交易支持、估值核算、信息披露以及报表管理等内容；涉及从资金募集到资金退出的募、投、管、退四大环节。在这一过程中账户管理、估值核算以及信息统计与报表管理、信息披露是重点工作环节。在账户管理环节主要工作内容包括托管账户与交易账户的开立、备案、变更、注销以及状态跟踪，账户信息维护，账户相关资料的档案管理，以及与投资相关的账户类信息审核等工作。估值核算的主要工作是根据规定完成投资交易的会计处理，按照产品契约或者委托方规定的估值原则完成投资资产的公允价值计量，形成投资组合的单位份额、单位净值以及总资产净值。信息披露的主要工作是完成大量的监管信息统计与报表报告义务。

2. 财务管理

养老资产管理公司的财务会计工作主要内容包括会计核算、财务报告、税务管理、费用管控等内容。管理会计的工作则包括盈利分析、成本分摊、内部服务计价、收入分成、绩效管理和预算管理。

3. 人力资源管理

人力资源管理通过对员工动机、能力和机会三个方面的管理，达到提升员工绩效、促进组织目标实现、提升组织绩效的目标。在动机管理方面主要涉及员工的绩效、薪酬、激励和福利；在能力管理方面，主要通过招聘、甄选和培训实现对员工工作岗位能力的提升；在机会管理方面，通过营造企业文化、提供清晰透明的职业发展路径，打造推动员工发展的环境因素。

4. IT 管理

随着金融科技的深入发展，云计算、大数据、人工智能和区块链等技术应用场景在养老金融以及养老产业领域的不断丰富与拓展，使养老资产管理公司的 IT 管理的重要性得到日益提升。在养老资产管理公司中，IT 管理发挥的作用主要是支持、推动和引领。而金融可以在养老领域的应用主要起到的就是 IT 管理的引领作用。此外，IT 管理支持是指利用基础 IT 技术，构建 IT 系统支持业务目标的自动化；通过线上的管理系统来督促流程进展，提高管理运营能力和降低人工成本。IT 管理推动是指改变和优化 IT 系统方案，从而推动和优化业务组织流程，提升业务的质量和效率，提升客户满意度。

第四节　个人养老资产管理公司的利润驱动分析

通过对养老资产管理机构的价值链分析，同时结合前面对养老资产管理业务的利润形成分析，可以总结得到养老资产管理公司的利润驱动影响因素。养老资产管理公司的利润可以拆分为资产管理规模（AUM）与单位 AUM 利润率。其中，AUM 的增长主要取决于资本市场表现，个人养老资金流入和养老金支出。单位 AUM 利润率则由收入利润率与成本利润率的差值构成，其中收入主要来源于养老资产管理产生的基础管理费和业绩报酬，但从影响收入的因素来看，主要与机构产品组合、目标客户、业务结构有关。成本则包括薪酬支出和其他运营成本。养老资产管理机构的盈利模式如图 9-2 所示。

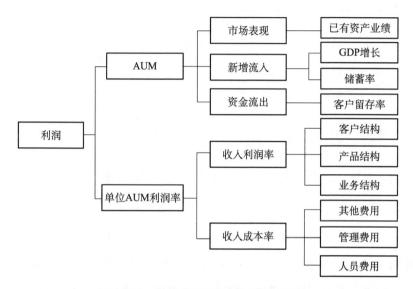

图 9-2 养老资产管理机构的盈利分解

一般对于资产管理公司的利润衡量，通常会选择资产收益率①、资产成本率②、资产利润率③、成本收入比④、利润收入比⑤。通过对养老资产管理公司在上述盈利能力指标的统计（见表 9-1），可以得到 2017 年世界主要养老金发达市场中养老资产管理的盈利能力，一般而言资产管理市场越成熟、市场效率越高，其资产管理业的利润水平越低。其中，北美的养老资产管理资产利润率大约为 12.5bps；西欧的资产管理业资产利润率为13.4bps；新兴市场国家的资产利润率为 25.2bps。具体就美国养老资产管

① 营业收入与管理资产规模的比值。
② 经营成本和管理资产规模的比值。
③ 资产收益率与资产成本率的差额，即净利润。
④ 经营成本与营业收入的比值。
⑤ 税前利润相对收入的比值。

理行业的市场利润格局而言，前30%的机构收入利润率远高于行业平均水平，2017年前30%的收入利润率为46%，高于行业均值15%左右。

表 9-1 养老资产管理业的经营指标

指标	2003 年	2007 年	2008 年	2013 年	2014 年	2015 年	2016 年
资产收益率（bps）	28.5	34.3	28.4	29.3	28.6	28.1	26.7
资产成本率（bps）	19.9	20.3	17.9	18.1	17.4	17.1	16.6
资产利润率（bps）	8.6	14	10.5	11.2	11.2	11	10.1
收入利润率（%）	30	41	37	38	39	39	38

资料来源：《2017 年全球资产管理报告》。

通过对资产收益率进一步的拆解，可以得到营业收入与经营成本对资产收益率的贡献因素，从数据中可以看出，影响养老资产管理公司利润的核心驱动因素在于产品管理能力以及资产管理规模的扩张速度。因此针对上述两个核心利润增长点，本书对养老资产管理公司中养老目标基金的产品设计以及大数据风险管理在养老资产管理产品的应用进行具体的介绍，同时针对上述两个方面，就当前养老资产管理领域发展战略代表性企业的优良做法作重点介绍。

第五节　个人养老金资产管理公司的价值链管理做法

当前国际养老资产管理领域中，企业的发展战略主要可以划分为综合性养老资产管理公司、基于专业领域的养老资产管理公司和专注细分客户的养老资产管理类公司。其中，综合性养老资产管理公司涉及的资产管理产品不仅局限于养老金产品，而且立足于打造为客户提供全生命周期贯穿投前、投中、投后各个环节的养老金资产管理公司。对基于专业领域的养老资产管理公司而言，其在主动管理能力方面往往具有较强的能力，而专注于细分客户的养老资产管理公司一般在精准匹配客户需求方面具有独特的优势，因此本书重点对后两类公司进行详细的介绍。

1. 基于专业领域的养老资产管理公司

基于专业领域的资产管理公司由于公司规模无法对全条线的资管产品进行布局，因此往往从自身优势出发，在养老金产品的专业领域做到极致，从而吸引客户的认同。在这方面美国的普信尤为突出，其特点是专注于主动管理，因此虽然在产品种类以及费率方面相比于美国的富达、先锋等集团化综合性资产管理公司具有劣势，但仍然依靠主动管理能力强、投资业绩回报率高实现了公司的长青不衰。具体而言，普信公司的养老资产管理服务在投前、投中、投后管理方面，首先，会基于个人养老金购买者的当前状况，帮助客户梳理和明晰自身的风险偏好以及未来的养老需求，利用"退休收入计算器"工具，并结合问卷调查等方式，帮助客户实现其远期的养老需求，进而确立当前合适的养老账户类型。其次，在投中阶段，普信公司独创的专门针对 IRAs 账户投资者开发的"Active Plus Porfolios"，能够基于时间和风险偏好，为投资者提供合适投资组合。账户平台所包含的功能有：一是基础组合模型功能，该平台内嵌有 10 个基础性组合模型，所包含的成分基金均为主动管理类型的产品，基础模型基于时间和风险确定，并与投资者的偏好选择进行基础匹配；二是个性化调整功能，平台在确定投资者的风险偏好与投资时间等因素的基础上，会进一步调整基础组合模型的资产配置比例；三是对组合模型的主动管理，在投资运行过程中，平台会根据市场的走势主动对基础模型配置进行调整；四是客户选择权，在投资管理过程中，投资者可以实时观测到账户的交易活动，并可以主动调整基础组合投资模型中的最多三只成分基金。最后，在投后阶段，一方面，普信账户会根据账户投资结果，将投资收益情况实时推送给投资者；另一方面，普信也会持续跟踪投资者的风险偏好与投资时间，并将结果反馈给投资管理组合。在资产提取阶段，帮助客户计算提取金额以及进行及时的放款。

2. 专注细分客户的养老资产管理公司

不同于基于专业领域的养老资产管理公司，专注于细分客户的养老资产管理公司主要是从细分客户的需求出发，进一步提出精准化服务的养老资产管理。其中的代表公司是面向女性、提供个性化与定制化的在线投资与投资管理养老资产管理公司 EllEvest。在投前、投中和投后管理方面，首先，ELLEvest 会基于女性在财富管理方面更加看重养老投资目标而非超额回报的特点，帮助女性提供更为直观、全面以及可行的投资计划。在考虑到女性投资者当下的收入水平、生育离开职场造成的收入缺失、人均寿命更长等因素的前提下，制订更符合女性投资者的收入曲线以及更符合女性客户自身情况的个性化配置计划。其次，在投中阶段，ELLEvest 采取线上与线下结合的方式，站在女性客户视角，提供更具针对性以及贴合女性生命周期特征的养老资产管理服务。其中在养老资产管理服务平台方面，通过在线方式为非高净值女性人群提供"自动化＋人工"的投资规划和账户管理的 ELLEvest digital 平台；为高净值女性人群提供人工投资规划和账户管理的 ELLEvest prime 平台；为退休女性群体提供的定制化服务平台。具体在资产类别方面，对于非高净值人群，ELLEvest 主要提供的是股票、债券、另类投资等被动投资 ETF；而对于高净值人群，考虑到其风险承受能力更高，因此还将私募股权、对冲基金、黄金以及大宗商品纳入其投资范围。最后，在投后阶段，ELLEvest 主要为投资者提供税收筹划，实现在消费、医保等方面的支出优化。但是受公司当前自身发展阶段原因的影响，其投后阶段所覆盖的服务内容较之于集团化养老资产管理公司较为有限。

第六节　金融机构开展个人养老
资产管理业务的竞争力分析

在第三支柱个人养老资产管理业务快速发展的背景下，结合个人养老资产管理业务的行业特征以及价值链驱动因素，本书认为，不同类型的金融机构在开展个人养老资产管理业务过程中，具有不同的行业竞争力以及比较优势。

（一）　养老资产管理公司的核心竞争力分析

1. 个人养老资产管理公司的产品设计——以目标日期基金设计为例

产品设计的优劣是养老资产管理公司赖以生存的基础，从养老金产品市场的发展历程来看，由于个人投资者在长期资产配置能力方面的缺失，使其对在生命周期内实现组合调整、提供一站式服务的基金产品的内在需求不断提升，这也使养老目标日期基金成为美国市场近十年来增速最快以及市场份额最大的产品市场。本书在此以目标日期基金的产品设计为例进行重点分析。

对于目标日期基金的设计下滑轨道是产品的核心竞争力，下滑轨道是指随着目标日期的不断邻近权益资产比重的下降趋势，这是目标日期基金构建的关键环节。如图9-3所示，美国主流的基金公司在产品设计中存在较大的差异，其中目标日期基金产品的下滑轨道设计中，在投资期初，

BlackRock、State Farm、TIAA - CREF 等公司产品的投资风格比较激进，均配置了接近 100% 的权益类资产。而 American Century、JPMorgan、PIMCO 等公司产品的投资风格相对保守，配置了 85% 左右的权益类资产。在投资期末，American Century 和 BlackRock 的产品仍然保持了近 45% 的较高的权益类资产比例，Fidelity 的权益类资产比例最低，仅为 24%。

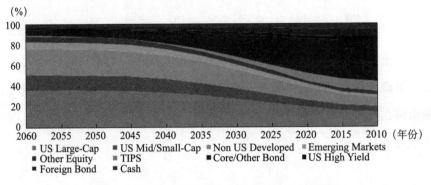

图 9 - 3　美国目标日期基金行业平均下滑轨道设计

下滑轨道的设计思路是基于生命周期模型的最优投资组合构建，需要考虑的约束一个是生命周期内的效用最大化，另一个是生命期末的长寿风险对冲。从理论上讲，最具开创性与代表性的成果当属博迪等（Bodie et al.，1992）提出的 BMS 模型，其建模思路如下所示。

（1）模型思路。投资者将会根据当前金融资产账户的价值、预期的风险资产收益水平以及工资率变动情况选择最优的消费水平、资产配置策略以及闲暇水平来优化整个生命周期内的效用水平，投资者的目标函数如下：

$$E_0\left[\int_0^T e^{-\delta s} u(C(s),L(s))ds\right] \tag{9-1}$$

其中，E_0 表示 0 时刻相关信息条件下的期望算子，$u()$ 表示投资者的效用函数，δ 表示时间贴现率。在金融市场中，风险资产价格 $P(t)$ 的变动服从伊藤过程，期望回报率为 α，波动率为 σ^2，则：

$$dP = \alpha P dt + \sigma P dz \qquad (9-2)$$

（2）分析框架。生命周期资产配置的优化问题相对比较复杂，在具体分析求解前，需要从两个方面对优化问题进行变换。首先，构造投资者的复合型商品支出函数。投资者在任意时刻 t 的决策可以划分成两种：一种是金融资产配置决策；另一种是支出决策。这里的支出决策等价于投资者对于消费和闲暇这一复合型产品的分配决策，由于投资者享受闲暇时间本质上相当于放弃了相应时间劳动供给所能获得的工资收入，因此闲暇时间与工资率的乘积可以看作是投资者闲暇的机会成本（隐性支出），于是定义投资者在 t 时刻的支出函数为 $y(t)$，那么在 t 时刻对于消费和闲暇选择的静态优化问题变为：

$$\max \quad u(C(t), L(t))$$
$$s.t.\ C(t) + w(t)L(t) = y(t) \qquad (9-3)$$

其次，构造投资者的总资产账户价值。投资者在 t 时刻的总资产账户价值 $W(t)$ 等于金融资产账户价值 $F(t)$ 与人力资本账户价值 $H(t)$ 的和，由于人力资本被定义为未来劳动收入现金流的贴现值，因此人力资本实际上等价于一种未来各期支付不确定的债券型金融资产。除了不可以在金融市场中进行交易外，人力资本与传统金融资产并无区别，因此在分析时，可以纳入统一的框架进行分析。

（3）模型求解。在初始时刻，投资者的总资产账户价值 $W(0)$ 由初始禀赋的金融资产账户价值 $F(0)$ 和人力资本账户价值 $H(0)$ 决定，此后投资者将在各期进行消费、资产配置、劳动闲暇分配等决策，因此总资产账户价值 $W(t)$ 的变动规律满足下面的 SDE：

$$dW = [(x(\alpha - r) + r)W - C - wL]dt + \sigma x W dz \qquad (9-4)$$

即总资产账户价值在各期的变动量既取决于金融资产账户的投资回报水平，也取决于消费与闲暇的复合性支出。下面我们在弹性劳动力供给

（投资者在生命周期各个时点任意调整劳动力供给水平）和固定劳动力供给（投资者在期初根据最优化结果确定最优的劳动力供给水平并在整个生命周期内保持不变）两种情况下对模型进行求解。在弹性劳动供给的条件下，投资者的最优化问题为：

$$\max E_0\Big[\int_0^T e^{-\delta s}u(C(s),L(s))\mathrm{d}s\Big]$$

$$s.t.\ \mathrm{d}W = [(x(\alpha-r)+r)W-C-wL]\mathrm{d}t + \sigma xW\mathrm{d}z \qquad (9-5)$$

根据默顿（Merton，1990）的随机动态规划方法，首先定义派生效用函数（值函数）：

$$J(W,w,t) = \max E_t\Big[\int_t^T e^{-\delta s}u(C(s),L(s))\mathrm{d}s\Big] \qquad (9-6)$$

系统内的状态变量为总资产账户价值 $W(t)$ 和工资率水平 $w(t)$，控制变量为消费水平 $C(t)$、闲暇时间 $L(t)$、整体视角下的风险资产投资比例 $x(t)$。根据 Bellman 最优化原理，派生效用函数必须满足：

$$\max_{\{C,L,x\}}\{u(C,L)e^{-\delta t} + J_W[(x(\alpha-r)+r)W-C-wL]$$
$$+ J_t + J_w gw + 0.5\ x^2\ W^2\ \sigma^2\ J_{ww}\} = 0 \qquad (9-7)$$

通过对一阶条件构成的方程组进行求解，可以得到整体视角下最优风险资产投资比例 x^* 满足：

$$x^*W = [-J_W/J_{WW}]\cdot[(\alpha-r)/\sigma^2] \qquad (9-8)$$

等式左边即为整体视角下的最优风险资产投资金额，等式右边为两个部分的乘积，第一部分是派生效用函数隐含的绝对风险厌恶（absolute risk aversion，ARA）系数的倒数，第二部分是风险资产的风险收益属性。结果表明，派生效用函数的绝对风险厌恶系数越小，风险资产的风险收益属性越好，投资于风险资产的金额也越高。任意时刻 t 的人力资本账户价值等于未来工资收入水平的贴现值，即：

$$H(t) = w(t)(1 - e^{-(r-g)(T-t)})/(r-g) \qquad (9-9)$$

在得到各期人力资本账户价值的基础上，根据上述最优化问题的结论，就能确定投资在各期的最优消费、闲暇和金融资产配置情况。因此，真实的最优风险资产投资比例 $\widehat{x^*}$ 满足：

$$\widehat{x^*} = \frac{x^* W}{F} = -[J_W / J_{WW}] \cdot [(\alpha - r) / \sigma^2] \cdot [1/F] \qquad (9-10)$$

在固定劳动供给的条件下，投资者将在期初确定最优的劳动供给量 $1-L$，并在整个生命周期内保持不变。因此，最优化问题变为：

$$\max E_0 \left[\int_0^T e^{-\delta s} u(C(s), L) \, ds \right]$$

$$s.t. \, dW = [(x(\alpha - r) + r)W - C - wL] dt + \sigma x W dz \qquad (9-11)$$

$$\widehat{x'} = \frac{x' W}{F} = -[I_W / I_{WW}] \cdot [(\alpha - r) / \sigma^2] \cdot [1/F] \qquad (9-12)$$

在实践中，比较有代表性的方法是 Vanguard 公司所使用的 VLCM[①] 下滑轨道设计方法，这种模型根据抽样样本形成的投资者特征以及平均投资约束形成相应的投资组合下滑轨道，同时使用成本收益法对下滑轨道设计结果进行分析，并最终基于不同的市场情景条件模拟组合[②]得到相应的风险收益关系，形成最优下滑轨道设计。VLCM 的输入参数见表 9-2。

表9-2		VLCM 的输入参数
模型输入	投资者特征	风险厌恶系数，储蓄率，退休后的消费需求，养老金补助，社会保障，退休年龄，工资增长率，行业维度的工资收入与股票市场表现的相关性，其他特征
	资产收益预测（根据 Vanguard Capital Market Model 测算）	美国股票，美国境外股票，美国固定收益产品，美国境外固定收益产品，通胀保护债券（TIPS），美国国债指数，信贷产品，高收益公司债，商品期货，房地产信托投资基金（REITS），其他金融产品

① Vanguard life - cycle investing model.
② 模拟基于蒙特卡洛模拟生成下滑轨道路径，进而形成退休时点财富累积的统计分布情况，最后利用广义矩估计得到最优函数。

2. 个人养老资产管理公司的资产配置管理——以人工智能应用管理为例

养老资产管理的优势在于能够通过拉长投资周期容忍更大的回撤从而最终获得适度的高收益。因此处理好长期风险与收益的关系是养老资产管理的制胜关键，由于资产配置是一个复杂的系统工程，包括养老金产品开发、资产配置模型的建立与应用、事后的投资绩效归因等分析，涉及对各类资产收益率以及宏观经济变量的巨量数据处理分析，因此当前借助人工智能在养老资产管理的应用显得越发重要。目前，国内外有诸多资产管理机构通过不同的形式将智能化资产配置运用于养老资产管理领域，比如，通过大数据识别用户偏好、用户画像生成、寻找不同风险条件下的最优组合、结合用户风险收益偏好进行持续跟踪。就养老资产管理产品的配置而言，需要结合三个方面的因素进行考量：一是在不断发展的资本市场中挑选合适养老基金投资资产；二是在法律发挥和监管限制、市场约束等条件下，确定资产配置比例；三是对既有的资产配置进行动态调整。智能化的养老资产管理，则是通过大数据识别用户的风险偏好水平、期望收益等核心要素，结合高效的算法，为投资人提供有效的资产配置方案与建议。具体包括三个维度：第一维度，利用大数据对用户的风险偏好特征作出刻画，对资产池中的资产进行量化分析；第二维度，利用机器学习算法进行模拟训练，订制合理的资产配置方案，以达到最优资产配置结果；第三维度，对资产配置方案持续跟踪，结合用户风险偏好及市场条件变化，对资产配置方案作出动态调整。从国外的应用情况来看，当前国外的养老资产管理机构在智能化资产配置领域的应用主要集中于：一是通过对投资者的综合分析整理获得其风险偏好及需求；二是在海量的数据信息中运用组合模型计算有效边界。

3. 商业银行

就商业银行开展养老资产管理业务而言，其最大的比较优势以及竞争力在于银行在公司、零售、同业等渠道业务的开展中，同时拥有资产和负债两端的客户资源；在服务场景方面，在个人养老金资产管理的账户管理、产品销售、投资者教育等方面，更具有场景优势。此外，银行的良好信用以及庞大的资金使其在流动性管理方面较其他金融机构更有优势，另外对前期的 FOF/MOM 组合管理，积累了管理经验以及大量优秀的管理人和合作机构资源。但是，从当前商业银行对新产品的业务投入以及金融科技的研发能力来看，除个别全国性商业银行，如平安银行与招商银行外，产品的开发力度以及研发投入意愿偏弱。

4. 基金公司

就基金公司而言，其最大的竞争优势在于产品收益能力，基金公司长期以来在权益类资产二级市场积累了大量的投资管理、风险管控的经验和资源，使其能够产生超越保险、银行回报收益的能力，以我国为例，我国十几年期的主动股票基金平均年化收益率高达 7.5%，因此未来在养老资产管理市场领域，其投资期限的进一步放长使基金公司有能力进一步增强其在主动管理能力方面的优势。此外，就目前养老资产管理行业的发展现状而言，基金公司在对 FOF 类产品的研发与投入力度都较强，在金融科技的应用以及量化分析方面，基金公司均处于产业的先发位置。但是总体来看，当前基金公司的产品条线管理重心集中在"投中"关节，对投前和投后关注较少，一方面，在投前阶段对投资者的教育不足；另一方面，对投后的资产分配与养老规划不足。未来随着养老资产管理的市场化体系建设深入推进，满足客户养老资产管理需求的产品注定需要包括从产品、投资到服务等一系列环节的综合解决服务商，而这方面的发展滞后是当前基金公司的短板和未来的主要风险点。

5. 保险公司

就保险公司而言，首先，保险公司在产品的安全性方面具有突出的产品优势，其在个人养老资产管理领域兼具商业养老保险以及个人养老金两类的产品发行体系，因此在产品类型的覆盖面以及客户资源，尤其是养老目标客户的数据资源的获取方面具有明显的优势。其次，保险公司的个人养老资产管理产品还具有两个方面的优势：一是不受《关于规范金融机构资产管理业务的指导意见》的约束，非标、权益类资产投资的自由度相对较大；二是养老保险产品可以终身领取，使投保人终身享用。最后，当前试点纳入第三支柱个人养老金体系的养老金产品只有税收递延商业养老保险一种，因此在搭建第三支柱账户体系、探索养老资产管理产品创新等方面抢占了先机。但在发展劣势方面，保险产品的收益性略有欠缺，在产品的研发能力方面略有欠缺。

第十章　完善个人养老金体系的对策建议

第一节　完善第三支柱个人养老金体系

在人口老龄化和宏观经济波动的背景下，大多数国家养老金制度都面临着政府财务压力、给付的充足性以及制度可持续性等问题。为此，世界银行在《防止老龄危机：保护老年人及促进增长的政策》报告中首次提出并论证发展养老金三支柱体系应对老年人的养老风险的可行性与路径。

就我国而言，面对人口老龄化的加速发展以及养老金结构失衡问题对养老保障事业的影响，当前及未来一段时间养老保障事业发展改革的重要发力点就在于第三支柱建设。其原因在于：首先，第三支柱建设对于完善我国养老金体系结构的作用大于第二支柱。我国第二支柱由用人单位主导建立，这在一定程度上提高了企业的微观经营成本，导致企业长期缺乏积极性。而第三支柱的建设，无须企业参与和发起，潜在的覆盖人群极为广泛。其次，我国现有的养老金制度，过分依赖于企业、单位和政府的保障，而发展第三支柱可以调动各个方面参与养老保险的积极性，实现养老金体系在国家、企业和个人之间的有效分散。最后，第三支柱的建设可以有效改善经济效率，通过基金累积制养老金制度强化个人激励，促进金融市场发展，引导储蓄向投资转换，带动更广泛的经济领域系列改革。

从第三支柱建设的实践效果来看，随着人口老龄化程度日益加深以及全球经济增速的放缓，多数国家都已认识到建立多支柱养老金的必要性。截至 2017 年，35 个 OECD 国家中有 33 个国家进行了制度改革并确立了第三支柱，其中涉及公共养老金支柱的成本控制以及增强对第三支柱的引进、监管和税收激励等措施。实践发现，上述国家经过制度改革和第三支柱建设，有效地提高了工作人口的养老金计划覆盖率，达到了既减轻国家财政负担又减少老年贫困人口的目的，在一定程度上实现了养老保障事业的公平与效率协调。此外，在减少就业扭曲、增加储蓄、提高金融中介的效率和水平等方面也有贡献。

（一）第三支柱建设的本质与内涵

从各国养老保障第三支柱发展经验来看，广义的第三支柱个人养老金可定义为政府提供税收激励政策引导、个人自愿参与的个人养老计划，在制度设计中，具有的特征一般有：一是自愿性。国家或工作单位都对居民是否参加没有强制性或硬性要求；制度政策对全体居民不存在区别对待和排他性。二是累积制。通过建立个人账户，企业和个人缴费全部进入个人账户，退休待遇水平完全取决于账户基金的积累额，账户基金可以进行投资。三是唯一性。第三支柱的账户对每个人是终身唯一的，税收优惠及递延征收、投资产品选择、权益记录等活动都基于一个固定账户内的资产，而不是针对具体购买某个产品。

（二）　我国第三支柱建设的功能定位

从我国养老保障的新需求来看，推动第三支柱在多层次养老保障体系中发挥更大作用势在必行。

1. 建立覆盖全民的多元化个人养老储备渠道，提升自我保障功能

就养老保障事业发展诉求而言，第三支柱个人养老金制度建立的首要目标是进一步扩大国民的老年收入渠道，提升自我养老保障功能。由于我国第二支柱中企业年金覆盖面狭窄和职业年金只针对机关事业单位职工群体，因此第三支柱建设中应该建立专门的实名制单一个人养老金账户，以此作为第三支柱的投资产品选择、权益记录、税收递延与优惠和养老金领取的载体，并以此平台实现其他支柱体系下累积性养老金待遇的转移接续。在收入渠道扩大方面，第三支柱个人养老金的核心是根据自身需求建立适宜的养老规划，由于每个个体在不同年龄阶段，对养老金融需求均不相同，只有多元化产品才能够实现各类人群对偏好风险与收益的资产组合配置。因此个人养老金建设必须定位于普及性与产品多元性。

2. 以财富管理与传递为发展原则，实现国民资产规划配置功能

由于第三支柱账户资金的长期存续特征，使第三支柱建设的重要的功能是实现家庭成员生命周期内的高效资产规划与安全财富传承。这是因为，一方面，随着金融的不断深化与衍生金融工具的创设，国民在金融投资工具选择方面往往存在较高的学习成本，且存在大量的信息不对称问题，因此需要专业的值得信任的投资顾问机构为其提供专门指导。另一方面，随着家庭财富水平的不断积累和收入水平的提高，社会对安全放心的财富传承需求也不断上升，习近平总书记多次指出，要增强人民群众的获得感。财富传递是老百姓非常关心和经常面对的现实问题，与人民群众的获得感、幸福感和稳定感息息相关。因此在第三支柱建设中必须要充分聚焦于财富管理与传承功能。

3. 发挥养老金在社会养老体系价值链的中枢作用，实现养老事业发展的驱动功能

如前所述，我国老年人口规模急速扩张，随着收入水平的不断提高，全社会养老需求呈现快速增长和多元化态势，在理想的情况下，个性化的养老需求对应的养老服务供给也应该是多元化的。但是，由于我国全社会养老资源不够丰富，养老服务与产业供给不足，城乡区域发展不平衡等现状，客观造成了"老有所养"的目标仍未达到。随着养老保障体系第三支柱启动建设，个人养老资产将得到进一步充实，鉴于个人养老金的私营属性以及金融资产的产业链顶端优势，为养老资产管理与养老服务对接提供了可能性。因此在第三支柱养老金建设中应充分考虑到养老金与养老服务的联动机制。

第二节 进一步健全个人养老资产管理市场

（一） 构建嵌入财富管理与养老服务的第三支柱建设的体系框架

第三支柱个人养老金制度设计的核心是个人账户，个人账户具有唯一性，通过个人账户的相关信息，可与未来享受养老服务权益进行匹配并精确计算出每月可用于支付养老服务的金额。因而第三支柱的建设应围绕着账户建立、运作和领取三个阶段确立制度架构，同时结合中国特色第三支柱建设的功能定位，将第三支柱体系打造为嵌入财富管理与养老服务的综合个人养老金体系。

1. 在账户设立阶段

个人按照自愿原则以公安机关颁发的居民身份证为登记识别信息向符合条件的账户管理机构，如商业银行或证券公司开设个人养老金账户，同时依托人力资源和社会保障部发放的全国统一社会保障卡建立个人养老金账户信息平台。该信息平台由账户管理机构负责运维，主要为搭建账户管理系统和关联方之间的网络信息系统，如税务机构、养老金产品供应商、财富顾问机构、养老服务机构等。此外，在账户设计过程中应充分考虑到企业年金个人账户划转个人养老金账户的问题，实现第二支柱与第三支柱的有效对接。

2. 在账户运作阶段

由金融监管部门和人社部共同负责基金产品、保险产品、储蓄及理财产品的准入审核，建立统一的个人养老金融产品池。同时将产品池、财富顾问、养老服务机构与个人账户对接，参加者根据偏好与需求选择相应的养老金产品、投资顾问以及养老服务。同时，在整个账户运作期间的信息，如缴费、交易以及投资收益等都需要上传到个人养老金账户的信息平台系统，以便税务机关及时掌握相关情况，为税收优惠和延迟征税提供依据。

3. 账户领取阶段

个人达到领取年龄后，账户管理系统根据税务部门提供的参保人应计纳税额度代扣代缴，并为参保者提供灵活的养老金发放服务，如按照领取者要求直接向养老院支付每月的生活费用。此外，为了确保个人养老储蓄目的，除了政策规定的特别提款条件，个人账户资金只能在账户所有人达到法定退休年龄后才能领取，并设定退休后相对灵活的领取方式。

（二） 组建综合性养老金融服务机构

从养老金融机构角度而言，当前我国综合性养老金融服务机构的严重缺失与养老保障事业发展和第三支柱建设目标不相适应。在养老金融服务领域，一方面，当前市场金融机构的普惠性不强，非高净值人群难以得到专业的养老资产规划建议，这使国内居民尤其是老年人在金融投资知识了解和掌握程度较低的情况下，无法对金融市场的风险和产品的潜在风险作出准确判断，难以平衡好安全性、流动性与收益性的资产配置关系。另一方面，由于养老服务事业天然具有行业分布广泛和需求多元性特征，在养老资产管理与养老服务两者间存在天然的资产（资金）供给和需求的纽带关系，因此单纯的养老金产品供给及财富管理咨询显然无法有效匹配个人的个性化养老金及衍生需求，如围绕养老资产所产生的法律需求（委托、传承等)、医养需求(监护、照料等)和精神满足需求(旅游、教育等),而这种人为的行业割裂与供给分离,以及所产生的资金流动在行业间的制度性摩擦也是造成当前我国养老服务行业发展乏力的重要因素。

因此,依托个人养老金账户平台"养老金融+养老服务"是实现社会养老事业良性循环的关键所在。有鉴于此,势必需要新型的市场服务机构——综合性养老金融服务,充分发挥金融机构的顶端优势与资源整合优势,打通养老金产品与养老服务之间的行业壁垒,解决老年人从财产端到消费端的一站式养老服务。具体在机构定位方面,应重点以服务个人客户为主,借助对客户养老需求的深入,实现客户需求和资产配置建议的精准匹配。在机构发展模式方面,应聚焦于以下三点。

(1)精准的客户定位。由于个人养老金市场的分散和多元化特性,全能型的综合养老金融服务机构难以实现深度的客户专业服务能力,因此在发展定位中,应该依托于特定偏好人群或养老服务情景作为养老金融服务保障链条的发起点,继而将金融投顾服务和养老金服务贯穿于养老保障链条中,并最终落脚到养老服务产业。

(2)以智能投顾为核心的高质量客户服务体系。以个人客户为主的机构目标定位,意味着机构运营的核心竞争力在于高质量的服务效率与成本控制。伴随着近年来人工智能、数据挖掘等效率化工具的快速发展,综合性养老金融服务机构应重点搭建以智能投顾为核心的客户服务体系,以建立养老金产品及养老服务与客户需求的适当性匹配体系为核心,优化标准服务流程体系,完善风险管理系统,丰富投顾的交互服务体验,进而实现线上线下的即时应用,满足客户的无缝衔接服务需求。

(3)综合养老服务能力。在打通养老产业链条过程中,应注重发挥金融机构的资源整合能力,打通法律产品、金融产品、养老产品等诸多方面,通过供应链管理实现对司法服务、金融产品服务以及养老服务的质量约束与控制，构成全新的综合性养老服务生态。

（三） 开拓综合性养老金产品体系

当前，我国第三支柱建设刚刚扬帆起航，个人养老金产品的研发与供给受既有金融产品设计理念桎梏较深。截至 2019 年 5 月，从市场的个人养老金产品调研情况来看，大多与市场传统的理财类产品差异不大，存在投资封闭期短、产品风险区分度不高和同质化严重等问题，并不符合真正标准意义的个人养老金产品。因此在第三支柱养老金产品体系建设中，应充分发掘不同群体的养老金潜在需求，加强养老金融的跨界理论研究与综合性养老金产品创新，将"养老金融+养老服务"类型产品纳入第三支柱的多元化投资选择范围，并将产品目标定位于通过税收递延政策，鼓励个人为增加退休后养老金和丰富多元化养老生活而进行储蓄和投资。同时，在账户产品管理上应设计紧急借款机制，防止个人出现家庭教育、医疗和购买首套住房等紧急与意外性支出。

（1）在养老金账户体系方面打通与不同养老服务提供的通路，将养老金产品购买、养老机构选择、养老服务需求、适老用品介绍等功能融于一体，将第三支柱养老金产品信息平台打造为养老资产管理与养老服务提供的一站式平台。

（2）围绕"养老金融+养老服务"概念，可以将产品形态划分为普通型、附加型和权益型三类。其中，普通型为传统意义上的养老金产品，涉及储蓄、养老保险、养老型理财与基金等，仅单纯提供保障型或积累型养老金，并不附加养老服务，但可以通过账户体系在平台清单目录上自主选择与购买相应的养老服务。附加型则是在普通型养老金产品之中内嵌相关的养老服务，这类养老服务中有些是为满足特定人群的综合性养老需求而开发的养老金产品，如针对老年人的财富传承中，存在财产受托管理（养老金服务）、遗嘱公证（养老法律服务）的绑定需求。另外，有些则是养老金产品供应方为提升产品的吸引力而提供的附属养老服务权益，如当前保险公司针对高端客户开发的"养老社区入驻 + 保险产品挂钩"产品。权益型产品是在普通型养老金产品之中附加未来养老服务权益，个人投资者在购买产品时，在个人账户中记录产品所附加的养老服务权益，并在退休时行使权益；也可在购买产品时达成协议，待退休时将产品所积累的资金用于支付养老服务提供商的居住费用和养老服务购买费用。

（3）在开拓综合性养老金产品体系中，应当建立产品准入的"白名单"制度。这是因为，一方面，个人养老金是确保老年人"老有所养"的根基，是除了基本养老保险以外最主要的生活收入来源，养老金产品中如果存在因企业经营不善、投资管理人缺乏审慎和尽职义务等问题而出现养老金账户的亏空，将严重影响家庭的养老生活品质与社会稳定。另一方面，个人养老金产品的支出目标应是退休后的养老生活，因此在产品属性上应具有长期性和低风险特征，对于投资周期短、投资风险高的金融产品并不符合上述目标。因此相关部门有必要建立合格的产品准入制度，凡是拟进入第三支柱养老金账户选择范围的产品，都应该经过评估方可纳入。

参考文献

［1］周延，孙瑞．社保模式下实物给付型长期护理保险发展瓶颈及对策［J］．西南金融，2020（05）：54 – 63.

［2］董克用，施文凯．加快建设中国特色第三支柱个人养老金制度：理论探讨与政策选择［J］．社会保障研究，2020（02）：3 – 12.

［3］赵周华，张春璐．老龄化与养老普惠金融：国际经验、中国实践及对策建议［J］．征信，2020，38（01）：71 – 77.

［4］高鹏飞，张健明．健全我国多支柱养老金制度——从波兰新一轮养老金改革谈起［J］．宏观经济管理，2019（12）：77 – 84.

［5］宋凤轩，张泽华．日本第三支柱养老金资产运营管理评价及借鉴［J］．社会保障研究，2019（06）：90 – 99.

［6］周惠萍，刘颖奥．第三支柱养老金发展问题及路径探讨［J］．劳动保障界，2019（30）：23 – 24.

［7］孙博．养老金第三支柱的重要意义［J］．中国人力资源社会保障，2019（10）：57.

［8］娄飞鹏．发展养老金融的国际实践与启示［J］．西南金融，2019（08）：80－88．

［9］杨良初．我国可持续"三支柱"养老保障制度构建［J］．地方财政研究，2019（07）：74－84，92．

［10］崔冰．新型城镇化养老保障对金融业养老金业务的影响［J］．劳动保障世界，2019（16）：54－55．

［11］胡继晔．我国第三支柱个人养老金制度建设前瞻［J］．中国社会保障，2019（06）：28－30．

［12］胡兵、孙博：养老金金融：三支柱模式确立，投资运营稳健推进［C］．养老金融评论（2019年第五辑）：中国养老金融50人论坛，2019：74－101．

［13］第三支柱进一步构建完善的养老金融体系［J］．中国银行业，2019（04）：3．

［14］鲍淡如．加快发展第二、三支柱养老金的思考［J］．中国社会保障，2019（04）：30．

［15］董克用．建立和发展中国特色第三支柱个人养老金制度［J］．中国社会保障，2019（03）：34－36．

［16］吴孝芹．养老金融产品创新国际比较——以美国、德国和新加坡为例［J］．现代管理科学，2019（03）：54－56．

［17］郑秉文．改革开放40年：商业保险对我国多层次养老保障体系的贡献与展望［J］．保险研究，2018（12）：101－109．

［18］董克用：推动我国养老金第三支柱发展的若干思考［C］．养老金融评论（2018年第十二辑）：中国养老金融50人论坛，2018：9－20．

［19］高庆波．发展二、三支柱 完善多层次养老保障体系［N］．中国保险报，2018－10－31（003）．

［20］樊鑫淼，魏雁飞，李丽丽. 我国养老金融发展研究［J］. 西南金融，2018（08）：70－76.

［21］袁铎珍. 中国多支柱养老金结构优化研究［D］. 北京：首都经济贸易大学，2018.

［22］郑秉文. "多层次混合型"养老保障体系与第三支柱顶层设计［J］. 社会发展研究，2018，5（02）：75－90.

［23］孙博. 养老金未来增长之路［J］. 中国人力资源社会保障，2018（05）：53.

［24］孙宏. 第三支柱的多国比较及对我国的启示［J］. 中国人力资源社会保障，2017（12）：34－35.

［25］吴楠. 养老金融：一个文献综述［J］. 金融发展评论，2017（09）：137－149.

［26］董克用：中国养老金融调查背景介绍［C］. 中国养老金融50人论坛（CAFF50）. 探索养老金第三支柱的中国路径——中国养老金融调查暨《中国养老金融发展报告（2017）》发布会会议发言材料. 中国养老金融50人论坛（CAFF50）：中国养老金融50人论坛，2017：25－31.

［27］甘犁：中国养老金融调查成果介绍［C］. 中国养老金融50人论坛（CAFF50）. 探索养老金第三支柱的中国路径——中国养老金融调查暨《中国养老金融发展报告（2017）》发布会会议发言材料. 中国养老金融50人论坛（CAFF50）：中国养老金融50人论坛，2017：32－40.

［28］董克用，张栋. 中国养老金融：现实困境、国际经验与应对策略［J］. 行政管理改革，2017（08）：16－21.

［29］杨洁. 商业银行在养老金融服务中的业务范围及发展策略［N］. 中国劳动保障报，2017－07－28（004）.

［30］彭姝祎. 法国养老金改革：走向三支柱？［J］. 社会保障评论，

2017，1（03）：135 – 147.

　　［31］张剑颖．中国资产管理机构在养老金融市场中的投资实践及发展建议［J］．清华金融评论，2017（S1）：136 – 141.

　　［32］郑秉文，张笑丽．中国引入"养老金融"的政策基础及其概念界定与内容分析［J］．北京劳动保障职业学院学报，2016，10（04）：3 – 8.

　　［33］高庆波．中国多支柱养老保险制度发展路径探讨［J］．北京工业大学学报（社会科学版），2016，16（06）：26 – 35.

　　［34］钟蓉萨．养老金第三支柱账户制模式发展的国际经验［N］．中国劳动保障报，2016 – 08 – 19（004）.

　　［35］胡继晔，于烨．三支柱养老金相继入市推动养老金融化［J］．行政管理改革，2015（10）：48 – 52.

　　［36］郑秉文．第三支柱发展要有"四个明确"［N］．中国劳动保障报，2015 – 09 – 11（003）.

　　［37］郑秉文．养老金三支柱改革助力资本市场发展［N］．中国证券报，2015 – 08 – 24（A13）.

　　［38］夏育文．养老金融：加大养老保障支撑力［J］．中国社会保障，2015（06）：20.

　　［39］邱薇，刘李杰．美国第三支柱养老金个人退休账户（IRA）计划管理运作及借鉴［J］．清华金融评论，2014（08）：47 – 49.

　　［40］张佩，毛茜．中国养老金融创新发展：现实障碍、经验借鉴与应对策略［J］．西南金融，2014（07）：43 – 47.

　　［41］章倩．韩国三支柱养老金制度体系简介［N］．中国劳动保障报，2014 – 05 – 16（004）.

　　［42］汤兆云．我国社会养老保险制度的改革——基于世界银行"五

支柱"模式 [J]. 江苏社会科学, 2014 (02): 83 – 91.

[43] 高庆波. 变革中的多支柱养老金制度 (1990—2011) [J]. 中国社会保障, 2014 (03): 38 – 40.

[44] 杨燕绥, 胡乃军, 刘懿. 养老资产与养老金融 [J]. 金融市场研究, 2012 (07): 126 – 130.

[45] 贺瑛, 华蓉晖. 对拉美各国"三支柱"养老金体系的反思 [J]. 中国社会保障, 2012 (12): 35 – 37.

[46] 胡继晔. 养老金融: 未来国家层面的发展战略 [J]. 中国社会保障, 2012 (10): 34 – 35.

[47] 孙树菡, 闫蕊. 2008 年金融危机下智利养老金三支柱改革——政府责任的回归 [J]. 兰州学刊, 2010 (01): 97 – 105.

[48] 陈文辉. 建立多支柱的养老保障体系——俄罗斯、波兰的养老保障体系及其启示 [J]. 中国金融, 2008 (08): 13 – 15.

[49] 蔡亮, 邓芸辙. 从三支柱到五支柱——对世界银行养老金改革报告的评述 [J]. 法制与社会, 2008 (02): 279 – 280.

[50] Beetsma R M W J, Romp W E, Vos S J. Voluntary Participation and Intergenerational Risk Sharing in a Funded Pension System [J]. European Economic Review, 2012, 56 (6): 1310 – 1324.

[51] Bovenberg A L, Ewijk C V, Westerhout E W M T. The Future of Multi – Pillar Pensions [J]. Casper Ewijk, 2012, 10 (4): 16 – 20.

[52] Brunelli M. Slovenian Pension System in the Context of Upcoming Demographic Developments [J]. Fuzzy Sets & Systems, 2011, 176 (1): 76 – 78.

[53] Chybalski F. The Multidimensional Efficiency of Pension System: Definition and Measurement in Cross-Country Studies [J]. Social Indicators Re-

search, 2016, 128 (1): 15 – 34.

[54] Clark G L, Urwin R. Best-practice Pension Fund Governance [J]. Journal of Asset Management, 2008, 9 (1): 2 –21.

[55] Deken J J D. Belgium: The Paradox of Persisting Voluntarism in a Corporatist Welfare State [J]. Varieties of Pension Governance Pension Privatization in Europe, 2011.

[56] Ebbinghaus B, Gronwald M. The Changing Public-Private Pension Mix in Europe: From Path Dependence to Path Departure [J]. Buchkapitel, 2011.

[57] Sarfati H. Ebbinghaus, Bernhard (comps.) . The Varieties of Pension governance- Pension Privatization in Europe. Oxford [J]. Revista Internacional De Seguridad Social, 2013, 66: 145 –148.

[58] Fox L, Palmer E. New Approaches to Multipillar Pension Systems: What in the World Is Going On? [J]. New Ideas About Old Age Security, 2000, 20 (2): 73 –75.

[59] Francese M, Franco D, Tommasino P. Public Pension Reform in Europe and the USA [J]. Ssrn Electronic Journal, 2012.

[60] Helmut Wagner. Pension Reform in the New EU Member States: Will a Three-Pillar Pension System Work? [J]. Eastern European Economics, 2005, 43 (4): 27 –51.

[61] Hinrichs K, Jessoula M. Labour Market Flexibility and Pension Reforms [M]. Palgrave Macmillan, 2012.

[62] Hippe T. Vanishing Variety: The Regulation of Funded Pension Schemes in Comparative Perspective [J]. Governance of Welfare State Reform, 2007.

[63] Ionescu O C, Jaba E. The Evolution and Sustainability of Pension Systems the Role of the Private Pensions in Regard to Adequate and Sustainable Pensions [J]. Journal of Knowledge Management Economics & Information Technology, 2013, 3: 13.

[64] Knell M. The Austrian System of Individual Pension Accounts-An Unfinished Symphony [J]. Monetary Policy & The Economy, 2014 (4): 47 – 62.

[65] Knoef M, Been J, Alessie R, et al. Measuring Retirement Savings Adequacy [J]. Journal of Pension Economics & Finance, 2016, 15 (1): 55 – 89.

[66] Labour Market Statistics, http: //stats. oecd. org/index. aspx? dataset code = stlabour.

[67] Monika Queisser D V. The World Bank The Swiss Multi-pillar Pension System: Triumph of Common Sense? [J]. 2000.

[68] Naczyk M, Domonkos S. The Financial Crisis and Varieties of Pension Privatization Reversals in Eastern Europe [J]. Governance, 2016, 25 (2).

[69] Naczyk M, Domonkos S. The Financial Crisis and Varieties of Pension Privatization Reversals in Eastern Europe [J]. Governance, 2015, 29 (2).

[70] Natali D. Public/Private Mix in Pensions in Europe: The Role of State, Market and Social Partners in Supplementary Pensions [J]. Social Science Electronic Publishing, 2013.

[71] Olivera J. Welfare, Inequality and Financial Consequences of a Multi-Pillar Pension System-A Reform in Peru [J]. Working Papers Department of

Economics, 2009: 1 – 31.

[72] Pedersen A W. The coverage with Occupational Pensions in Norway [J]. Oslo Fafo, 2000.

[73] Pension Sustainability Index, https: //projectm-online. com/ research/.

[74] Pensions at a Glance 2011 Publishing O. Pensions at a Glance 2011 [J]. OECD Publishing, 2011.

[75] Queisser M, Vittas D. The Swiss Multi-Pillar Pension System: Triumph of Common Sense? [J]. Policy Research Working Paper, 2000.

[76] Sørensen O B, Billig A, Lever M, et al. The Interaction of Pillars in Multi-pillar Pension Systems: A Comparison of Canada, Denmark, Netherlands and Sweden [J]. International Social Security Review, 2016, 69 (2): 53 – 84.

[77] The 2015 Pension Adequacy Report Wolf F, Zohlnhöfer R, Wenzelburger G. The Politics of Public and Private Pension Generosity in Advanced Democracies [J]. Social Policy & Administration, 2014, 48 (1): 86 – 106.

[78] Willmore L. Three Pillars of Pensions? A Proposal to End Mandatory Contributions [J]. Ssrn Electronic Journal, 2000.

[79] Xian Q H. Review of Theoretical Studies on Multi-pillar Pension System [J]. West Forum, 2011.